［過去問］

2024
日本女子大学附属豊明小学校 入試問題集

Shinga-kai

日本女子大学附属豊明小学校

過去10年間の入試問題分析
出題傾向とその対策

▌2023年傾向

例年通り、ペーパーテストと集団テスト、考査日前に親子面接が行われました。ペーパーテストでは話の理解、数量、推理・思考、言語、巧緻性などが出題されました。集団テストでは、巧緻性の要素を含む制作や、お友達と協力してお手本通りのものを作る行動観察が行われました。

▌傾　　向

考査は、例年年少者から行われ、2023年度も同様に実施されましたが、2021年度のみ年長者から行われています。また面接も考査2日目以降の2、3日間のうち指定された1日でしたが、2021年度以降は考査日前の2日間に設定され、希望日時を申請できる形となっています。考査内容はここ数年大きな変化はなく、ペーパーテストでは話の記憶、話の理解、数量、推理・思考（四方図、重さ比べ、対称図形、重ね図形など）、観察力、巧緻性（なぞる、濃淡の塗り分けなど）、模写などが出題されています。集団テストは、ごっこ遊びやいくつかのコーナーに分かれての自由遊び、小集団でのルールのある遊びなど、子どもたちにとって楽しい課題となっており、子どもらしい伸びやかさや協調性を見る課題が多いという特色があります。そのほか、制作や巧緻性の課題では、座布団やマットに正座してテーブルの上で作業を行ったり、床に座りグループごとに町作りやお花作りなどの活動を行ったりすることもありました。ここ数年の集団テストは、ごっこ遊びの中でのルールに対する理解やお友達とのかかわり、ものの扱い方などを見る活動が主体となっています。また、おままごとセットや砂場、輪投げ、ネックレス作りなどのコーナーが用意された自由遊びも2020年度までは毎年行われていました。いずれもお友達とのかかわりを通して、仲よく活動できるか、役割を考えて行動できるかなど、お約束を守ったうえで楽しく遊ぶといった社会性を見られているといえるでしょう。考査の所要時間は1時間30分〜2時間ですが、その時間の中でさまざまな課題が行われるので、一つひとつの指示を確実に聞いて理解し行動できること、また、お友達に自分の伝えたいことをきちんと言葉で表現し、仲よく協力して行動できること

が大切です。親子面接では、子どもには幼稚園や保育園での遊び、好きなもの、お手伝いなどについてよく問われます。ご両親には教育方針や親子のかかわりについて、また2021、2022年度はコロナ禍における家庭での過ごし方や考え方についての質問もありました。

対　策

ここ数年の傾向として、ペーパーテストでは特に難しい課題はありませんが、問題数が多いため、決められた時間の中で一つひとつの問題について確実かつスピード感を持って解答できるよう、集中して取り組む力を身につけることが大切です。また、制限時間内に的確に正答を見つけるためには「見る力」も欠かせません。たとえば数の合成のような課題では、混在した2種類のもの同士を合わせる場合がありますので、見当をつけて素早く判断する力も必要です。ペーパーテストは、話の記憶や話の理解、数量、推理・思考、巧緻性を中心に出題されています。全体として話をしっかり聞き取る力をベースに、総合的な力をつけていくことが重要です。また問題・解答用紙が冊子状のため、自分でページをめくりながら解き進めていくことも特徴です。巧緻性での色の濃淡の塗り分けは日本女子大学附属豊明小学校ならではの課題です。まずはクーピーペンや鉛筆の正しい扱いと丁寧な仕上がりを意識しながら体験を重ね、スムーズにできるようになったら時間も意識するようにしていきましょう。また、点線を適度な力でなぞる、点図形の点と点をしっかり結ぶ、位置を特定するなどの基本を確実に身につけておくように、家庭でも意識して取り組むことが必要です。集団テストで問われる社会性・協調性は、「いろいろなお友達とのかかわり」の中で、子どもたち同士がふれ合う体験を重ねることによって育まれていきます。ほかの子どもたちと行動する「体験の場」を増やすとともに、楽しく参加し、積極的に発言する力、協力する力、のびのびと行動する力を発揮できるようにしましょう。その一方で、きちんと順番を待つといった基本的なしつけや、相手を思いやる心も大切です。また、日ごろから正座して作業をすることにも慣れておきましょう。塗り絵や折り紙、輪つなぎなど手先を使う課題や、日常生活でのお手伝いを通して配膳、洗濯、掃除なども行い、生活力をつけるとともに、物事を丁寧に行う大切さを伝えていきましょう。頑張りが認められることで自信がつき、意欲を持って取り組めるようになれば、だんだんと手先の巧緻性も身につきます。運動はテストとしての実施はありませんが、外遊びや体を動かす機会などを意識して取り入れ、リズムに合わせての行進、スキップ、ケンパーなど、いろいろな運動を経験しながら、就学を迎える子どもにふさわしい体力をしっかりとつけていきましょう。集団テストの遊びやゲームに楽しく参加するためには、いろいろな子どもたちとの活動を経験すること、お約束への意識を高めることが効果的です。総合的な力を養うために、時間をかけて確実な力をつけていきましょう。日々努力していくことが重要です。

年度別入試問題分析表

【日本女子大学附属豊明小学校】

	2023	2022	2021	2020	2019	2018	2017	2016	2015	2014
ペーパーテスト										
話	○	○	○	○	○	○	○	○	○	○
数量	○	○	○	○	○	○	○	○	○	○
観察力						○			○	
言語	○								○	
推理・思考	○	○	○	○	○	○	○	○		
構成力				○					○	○
記憶										
常識										
位置・置換				○						
模写		○	○		○		○	○		
巧緻性	○	○	○	○	○	○	○	○	○	○
絵画・表現	○			○	○	○				
系列完成		○								○
個別テスト										
話										
数量										
観察力										
言語										
推理・思考										
構成力										
記憶										
常識										
位置・置換										
巧緻性										
絵画・表現										
系列完成										
制作										
行動観察										
生活習慣										
集団テスト										
話										
観察力										
言語										
常識										
巧緻性						○				
絵画・表現										
制作	○	○	○	○			○			
行動観察	○	○	○		○	○	○	○	○	○
課題・自由遊び				○	○	○	○	○	○	○
運動・ゲーム			○	○	○	○	○			
生活習慣										
運動テスト										
基礎運動										
指示行動										
模倣体操										
リズム運動										
ボール運動										
跳躍運動										
バランス運動										
連続運動										
面接										
親子面接	○	○	○	○	○	○	○	○	○	○
保護者(両親)面接										
本人面接										

※伸芽会教育研究所調査データ

小学校受験Check Sheet

　お子さんの受験を控えて、何かと不安を抱える保護者も多いかと思います。受験対策はしっかりやっていても、すべてをクリアしているとは思えないのが実状ではないでしょうか。そこで、このチェックシートをご用意しました。1つずつチェックをしながら、受験に向かっていってください。

✽ ペーパーテスト編

①お子さんは長い時間座っていることができますか。

②お子さんは長い話を根気よく聞くことができますか。

③お子さんはスムーズにプリントをめくったり、印をつけたりできますか。

④お子さんは机の上を散らかさずに作業ができますか。

✽ 個別テスト編

①お子さんは長時間立っていることができますか。

②お子さんはハキハキと大きい声で話せますか。

③お子さんは初対面の大人と話せますか。

④お子さんは自信を持ってテキパキと作業ができますか。

✽ 絵画、制作編

①お子さんは絵を描くのが好きですか。

②お家にお子さんの絵を飾っていますか。

③お子さんははさみやセロハンテープなどを使いこなせますか。

④お子さんはお家で空き箱や牛乳パックなどで制作をしたことがありますか。

✽ 行動観察編

①お子さんは初めて会ったお友達と話せますか。

②お子さんは集団の中でほかの子とかかわって遊べますか。

③お子さんは何もおもちゃがない状況で遊べますか。

④お子さんは順番を守れますか。

✽ 運動テスト編

①お子さんは運動をするときに意欲的ですか。

②お子さんは長い距離を歩いたことがありますか。

③お子さんはリズム感がありますか。

④お子さんはボール遊びが好きですか。

✽ 面接対策・子ども編

①お子さんは、ある程度の時間、きちんと座っていられますか。

②お子さんは返事が素直にできますか。

③お子さんはお父さま、お母さまと3人で行動することに慣れていますか。

④お子さんは単語でなく、文で話せますか。

✽ 面接対策・保護者（両親）編

①最近、ご家族での楽しい思い出がありますか。

②ご両親の教育方針は一致していますか。

③お父さまは、お子さんのお家での生活や幼稚園・保育園での生活をどれくらいご存じですか。

④最近タイムリーな話題、または昨今の子どもを取り巻く環境についてご両親で話をしていますか。

2023 日本女子大学附属豊明小学校入試問題

■ 選抜方法

考査は1日で、生年月日の年少者より順に約20人単位でペーパーテスト、集団テストを行う。所要時間は約2時間。考査日前の2日間のうち、希望日に親子面接がある。面接の所要時間は約10分。

┃ ペーパーテスト ┃

筆記用具はクーピーペン（水色）、鉛筆を使用。特に指示がないときはクーピーペンを使用し、訂正方法は×（バツ印）。出題方法は口頭と音声。

1 話の理解

絵を見ながらお話を聞く。

・四角の中に斜めの線が引いてあり、その斜めの線のちょうど真ん中に黒丸がかいてある絵に○をつけましょう。

・丸の上に四角がかいてあり、丸の下には三角がかいてある絵に○をつけましょう。

・片方の耳と鼻が黒くて、両手にニンジンを持っているウサギに○をつけましょう。

・シロクマがパンケーキを作ります。牛乳、パンケーキの粉、卵をボウルに入れました。よくかき混ぜたいので、泡立て器を使いました。シロクマが使った材料や道具がすべて描いてある四角に○をつけましょう。

・今日はとてもきれいな満月です。タヌキのポンちゃんがお月見の準備をしています。おだんごがなかったので季節の果物を用意しました。お話に合う絵に○をつけましょう。

2 数 量

・星印の四角と丸印の四角を合わせると、中のものはどのようになりますか。すぐ下の4つの四角から選んで○をつけましょう。

3 推理・思考（回転図形）

・矢印の左側のマス目がお手本です。矢印の右側ではお手本が回って、黒丸のある角が変わっています。このとき、マス目の中の印はどのようになりますか。矢印の右側のマス目にかきましょう。

4 言語（しりとり）

・赤い枠から始めて青い枠まで、マス目の中のものをしりとりでつないで線を引きましょう。マス目は縦と横に進みますが、斜めには進めません。

5 巧緻性・絵画（創造画）

- 点線の中のお手本と同じになるように、鉛筆で色を塗りましょう。色を塗るときは濃さ
  の違いがわかるように塗ってください。
- かいてある形に、鉛筆で好きなように絵を描き足しましょう。

集団テスト

🖥 制作（クマのカード作り）

上に黒い枠がかかれた台紙、両面折り紙（水色とピンク）、丸シール（赤、青、緑、黄色）、
小さい丸シール（オレンジ色）1シート、星の形のシール（金色）、ビニール袋、スティ
ックのり、ウエットティッシュが用意されている。折り紙を折り、黒枠の中に貼るところ
のみテスターがお手本としてやって見せ、あとは口頭の指示に従って行う。

- テスターが示すお手本通りに、両面折り紙を水色が外側になるよう四角く半分に折って
  台紙の黒い枠の中にスティックのりで貼り、空にする。
- 両面折り紙の右側に黄色の丸シールを貼り、その周りにオレンジ色の丸シールを8枚貼
  って太陽にする。
- 黒い枠の下に3匹のクマの顔が横に並ぶように丸シールを貼る。赤、青、緑の丸シール
  の上に、耳に見えるようにオレンジ色の丸シールを2枚ずつ貼る。3匹のうち真ん中に
  は緑のシールを使う。余ったシールは好きなように貼ってよい。できあがったらビニー
  ル袋に入れる。
- ビニール袋の口を裏側に折り、星のシールで留める。

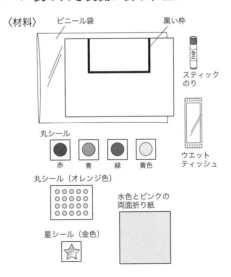

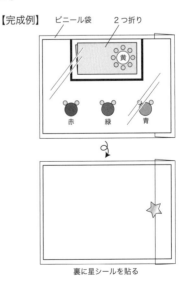

📖 行動観察（ウサギのお家作り）

帽子のリボンの色ごとにグループに分かれて行う。動物園に新しくやって来たウサギのためにお家を作る。丸いテーブルの上にウサギのぬいぐるみ、お皿2枚、1人10個程度の4色の紙コップが用意されている。テーブルの横にはたくさんの茶色の紙コップが置いてあり、少し離れたテーブルには模擬の野菜（6種類）、3色のバケツが1個ずつ置いてある。

・グループのお友達と相談して、6種類の模擬の野菜の中から2種類、3色のバケツの中から1色を選ぶ。野菜はテーブルのお皿にのせ、ウサギが水を飲むためのバケツはウサギの横に置く。

・次にお家の塀を作る。4色の紙コップを隣同士が同じ色にならないように、ウサギが座っている丸いテーブルのふちに伏せて並べていく。その上には茶色の紙コップを積み、できるだけ高い塀になるようにする。「やめ」と言われるまで行う。

📖 行動観察（パンダのお弁当作り）

帽子のリボンの色ごとにグループに分かれて行う。今日がお誕生日のパンダのために、お弁当を作る。折り紙やお花紙で作ったお弁当（おにぎり、目玉焼き、レタス、から揚げ、ミニトマト、オムライスなどが入っている）と、コップに入ったジュースがお手本として置いてある。グループのお友達と相談して、お手本と同じになるようにお弁当を完成させる。作り方の指示はない。

┃ 親 子 面 接 ┃　2人の面接官が担当する。

本 人

・お名前を教えてください。
・好きな遊びは何ですか。その遊びのどんなところが楽しいですか。誰とその遊びをしますか。
・好きな食べ物は何ですか。その食べ物を作るときにお手伝いはしますか。誰と作りますか。どうやって作りますか。どんな味ですか。

父 親

・本校の印象はいかがですか。
・志望理由をお話しください。
・本校の三綱領についてどのように考えていますか。
・お子さんの名前の由来を教えてください。
・お子さんとの時間をどのようにつくっていますか。

・お子さんが成長したと感じるのはどのようなときですか。

・最近どのようなことでお子さんをほめましたか。

・奥さまのよいところで、お子さんに受け継いでほしいことはどんなことですか。

・ご自身が子どものころに熱中したものは何ですか。

・仕事で気をつけていることで、お子さんに伝えたいことはありますか。

・家庭内で、夫婦の意見が分かれることはありますか。

・父親の役割についてどのようにお考えですか。

・通学などの防犯面について何か話し合っていますか。

母　親

・本校の印象はいかがですか。

・説明会に参加された印象はいかがですか。

・お子さんの名前の由来を教えてください。

・育児に関する話し合いはいつしていますか。

・育児について夫婦の意見が対立したときはどうしていますか。

・食生活で気をつけていることは何ですか。

・健康のために気をつけていることは何ですか。

・家事の分担はどのようにされていますか。

・子育てで苦労したことはありますか。

・通学時間が長いですが、お子さんの体力面は大丈夫ですか。

・小学校でどんなことを学ばせたいですか。

・お子さんにはどのように育ってほしいですか。

・最近どのようなことでお子さんをほめましたか。

・奥さまから見たご主人のよいところは、どのようなところですか。

・ご主人のよいところで、お子さんに受け継いでほしいことは何ですか。

・（面接資料から）ＳＤＧｓについてどう思われますか。

面接資料／アンケート

出願時に面接資料を提出する。以下のような記入項目があり、志願者写真を貼付する。

・志願者の氏名、生年月日、本人について（行動の傾向など）、保育歴。

・本校志望の理由、通学経路（所要時間と交通機関）、保護者の氏名など。

・家族紹介（記入は自由）。

1

2

3

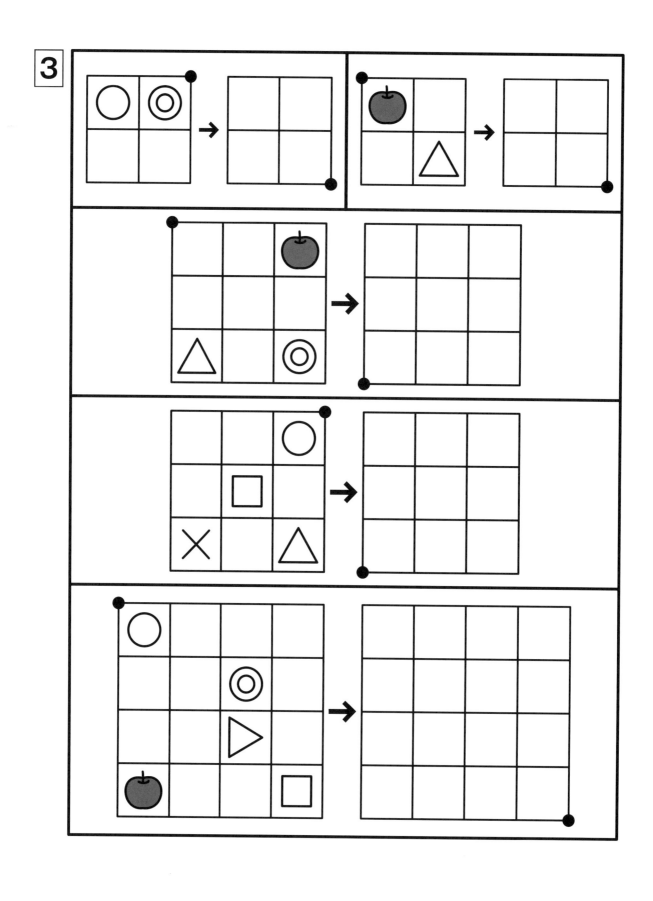

4

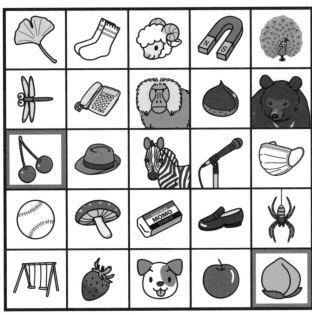

5

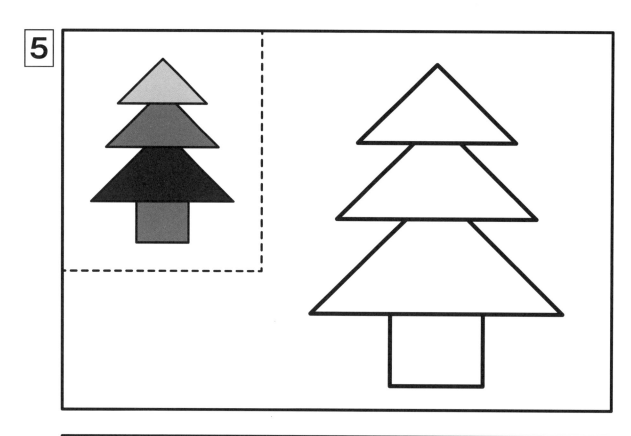

2022 日本女子大学附属豊明小学校入試問題

section

選抜方法

考査は1日で、生年月日の年少者より順に約20人単位でペーパーテスト、集団テストを行う。所要時間は約1時間30分。考査日前の2日間のうち、希望日に親子面接がある。面接の所要時間は10〜15分。

ペーパーテスト

筆記用具はクーピーペン（緑）、鉛筆を使用。特に指示がないときはクーピーペンを使用し、訂正方法は×（バツ印）。出題方法は口頭と音声。

1 数 量

・左端のお手本と数が同じ四角を、右から選んで○をつけましょう。

2 系列完成

・それぞれの段に、形や印が決まりよく並んでいます。空いている四角に入るものを、右から選んで○をつけましょう。

3 推理・思考（対称図形）

・左端のように折り紙を折って、黒いところを切り取って開くとどのようになりますか。右から選んで○をつけましょう。

4 話の記憶・推理・思考

「今日はクマさんのお誕生日です。ウサギさんはクマさんのお誕生日パーティーに招待してもらったので、お母さんに『どんなお洋服を着ていこうかな』と相談していました。しばらく迷っていましたが、ウサギさんはスカートのところにだけお花の模様のついたワンピースを着て、リボンのついた靴を履いていくことにしました。着ていくものが決まったら、次はプレゼントです。何にしようか考えていると、お母さんが『お庭のコスモスを摘んでいったら？』と言ったので、ウサギさんはコスモスの花束を持っていくことにしました。ハンカチとティッシュペーパーをポケットに入れ、帽子をかぶって出かけようとすると、お母さんが『これも持っていってね』と、お花の絵のついた水筒を渡してくれました。クマさんのお家に着くと、ネコさんとキツネさんがもう来ていました。いよいよパーティーの始まりです。『クマさん、お誕生日おめでとう！』とみんなで言うと、クマさんはうれしそうに『ありがとう！』と言いました。プレゼントを渡した後、クマさんのお母さんが焼いてくれたイチゴのケーキを食べることにしました。クマさんの妹と弟が『わたしたちも食べたい！』と言ってやって来たので、クマさんのお母さんは子どもたちみんなが食

べられるようにケーキを切り分けてくれました。とても楽しいお誕生日パーティーでした」

・星の段です。お誕生日パーティーに出かけたときの、ウサギさんの洋服と靴に○をつけましょう。

・三日月の段です。ウサギさんが持っていったお花に○をつけましょう。

・お花の段です。ウサギさんがお誕生日パーティーに持っていかなかったものに○をつけましょう。

・太陽の段です。ケーキは何匹で食べましたか。その数だけ四角の中に○をかきましょう。

・ヒヨコのところです。ケーキのような丸い形がかいてありますね。お話に出てきた子どもたちみんなで仲よくケーキを食べるには、どのように切り分けたらよいですか。切る線を丸の中にかきましょう。

・ニワトリのところです。左側を見てください。ウサギさんたちがケーキを食べるところです。ウサギさんからは、クマさんのお皿やコップはどのように見えますか。右側から選んで○をつけましょう。

5 巧緻性・模写

・上のお手本と同じになるように鉛筆で色を塗り、点線をなぞり、足りないところをかき足しましょう。色を塗るときは濃さの違いがわかるように塗りましょう。

集団テスト

制 作

3色の折り紙と2色の丸シールが用意されている。指示された色の折り紙2枚と丸シール1枚を使って、リボンを作る。テスターが一度だけ実際に折って、作り方を見せる。

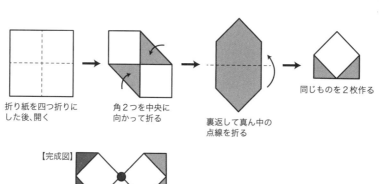

折り紙を四つ折りにした後、開く　角2つを中央に向かって折る　裏返して真ん中の点線を折る　同じものを2枚作る

【完成図】
2枚を丸シールでつないで留める

指示行動

グループに分かれて行う。1人1枚ずつ不織布が配られ、テスターの指示に従い不織布を使って遊ぶ。

- 不織布で好きな食べ物を作る。
- ボールを不織布で包んで運び、カゴに入れる。
- 背中にマントのように不織布をかけて、線の上を歩く。テスターが太鼓をたたいたら、体の向きを変える。
- 不織布を蛇腹に折って真ん中を持ち、チョウチョにする。テスターのたたく太鼓の合図に合わせて、チョウチョを動かす。

不織布の持ち方

〈約束〉
  - 太鼓が1回鳴ったらチョウチョを上に上げる。
  - 太鼓が2回鳴ったらチョウチョを下に下ろす。
  - 太鼓が続けて鳴ったら体の前でチョウチョを上下に振る。

行動観察 (魚釣り遊びと水族館作り)

指示行動と同じグループで行う。床に敷かれた青いビニールシートを大きなソフトブロックで囲んで作った水槽、割りばしで作った釣りざお、水色のお花紙が用意されている。水槽の中には、紙で作ったいろいろな海の生き物（クリップとマジックテープがついている）が入っている。

- 水槽の中に水色のお花紙を丸めて入れる。「やめてください」と言われるまで続ける。
- 釣りざおを使って、水槽の中の生き物を釣る。釣りざおのひもの先につけられた磁石に生き物のクリップをつけて釣り上げる。釣り上げた生き物を、壁に用意されたボードにマジックテープで貼って水族館を作る。釣るときは「黄色い魚、カニ、青い巻き貝だけ」などと指定され、ボードには魚やカニ、貝など種類ごとに6つまで貼ることができる。

親 子 面 接

2人の面接官が担当する。

本 人

- お名前を教えてください。
- 幼稚園（保育園）ではどんな遊びをしますか。
- 一番好きな外遊びは何ですか。
- 朝ごはんで好きなものは何ですか。
- 夕ごはんで好きなものは何ですか。
- おやつで好きなものは何ですか。

・好きな食べ物は何ですか。その食べ物を作るときにお手伝いはしますか。
・お手伝いは何をしていますか。

父　親

・本校の印象はいかがですか。
・本校に期待することは何ですか。
・志望理由をお話しください。
・ご家庭の教育方針についてお話しください。
・お子さんの名前の由来を教えてください。
・お子さんとの時間をどのようにつくっていますか。
・お子さんが成長したと感じるのはどんなときですか。
・最近どのようなことでお子さんをほめましたか。
・ご主人から見た奥さまとお子さんの関係はいかがですか。
・奥さまのよいところで、お子さんに受け継いでほしいことはどんなことですか。
・家庭内で夫婦の意見が分かれることはありますか。
・ご自身が子どものころに熱中したものは何ですか。
・父親の役割についてどのようなことに気をつけていますか。
・仕事において気をつけていることで、お子さんに伝えたいことはありますか。
・防災について普段から準備や対策をされていることはありますか。

母　親

・オープンスクールに参加されて、いかがでしたか。
・本校の印象はいかがですか。
・送迎や行事などに参加できますか。
・本校の三鋼領の中で、よいと思うものは何ですか。
・ご家族で大切にしていることは何ですか。
・食生活で気をつけていることは何ですか。
・健康のために気をつけていることは何ですか。
・家事の分担についてはどのようにされていますか。
・通学時間が長いですが、お子さんの体力面は大丈夫ですか。
・お子さんにはどのように育ってほしいですか。
・コロナ禍でお子さんの精神的ケアはどのようにされていますか。気をつけたこと、成長したことはありますか。
・最近どのようなことでお子さんをほめましたか。
・奥さまから見たご主人のよいところは、どのようなところですか。
・ご主人のよいところで、お子さんに受け継いでほしいことは何ですか。

・（面接資料から）お手伝いをたくさんしていますが、どのように声をかけていますか。

面接資料／アンケート 出願時に面接資料を提出する。以下のような記入項目があり、志願者写真を貼付する。

・志願者の氏名、生年月日、本人について（行動の傾向など）、保育歴。

・志望理由、通学方法（所要時間と経路）、保護者の氏名など。

・家族紹介（記入は自由）。

1

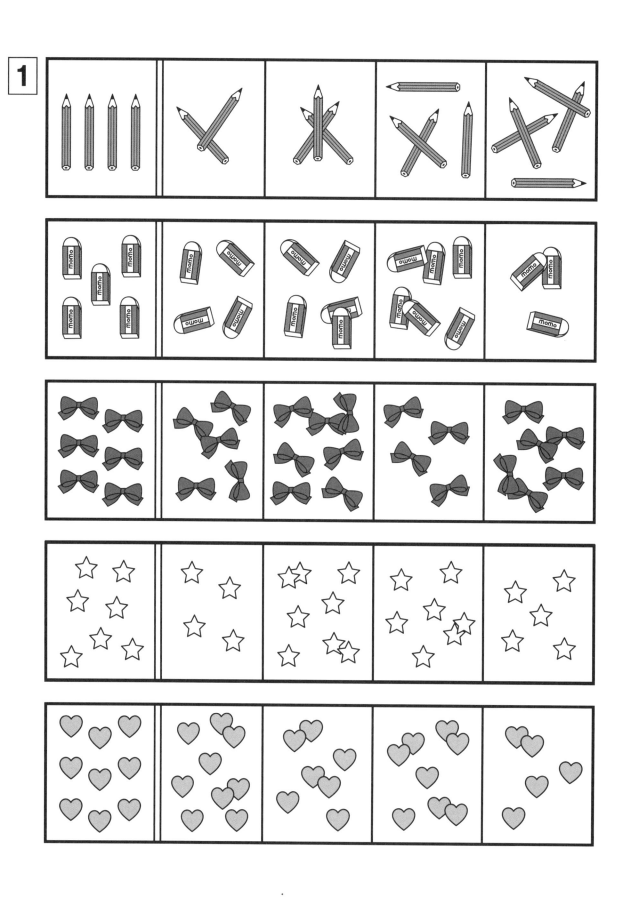

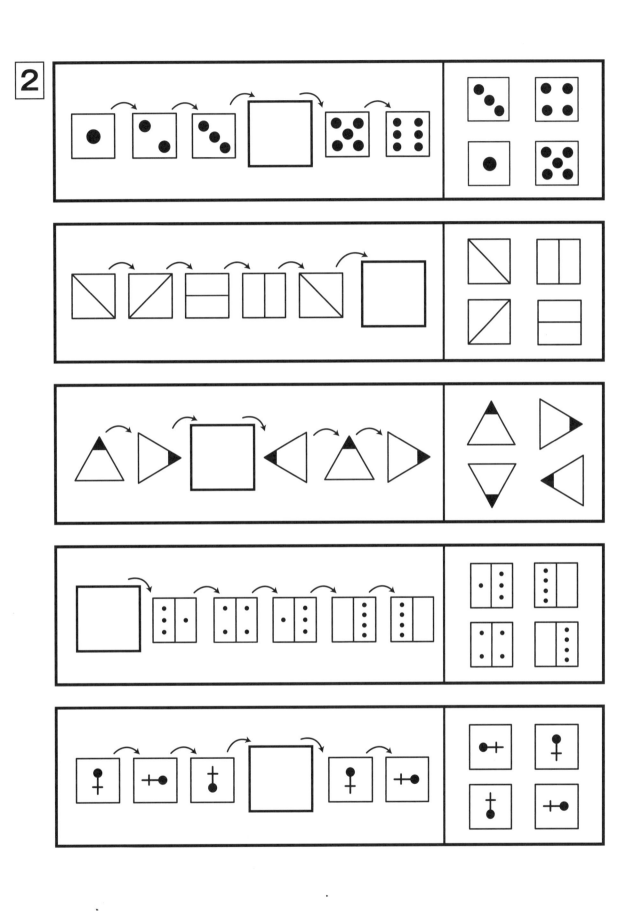

3

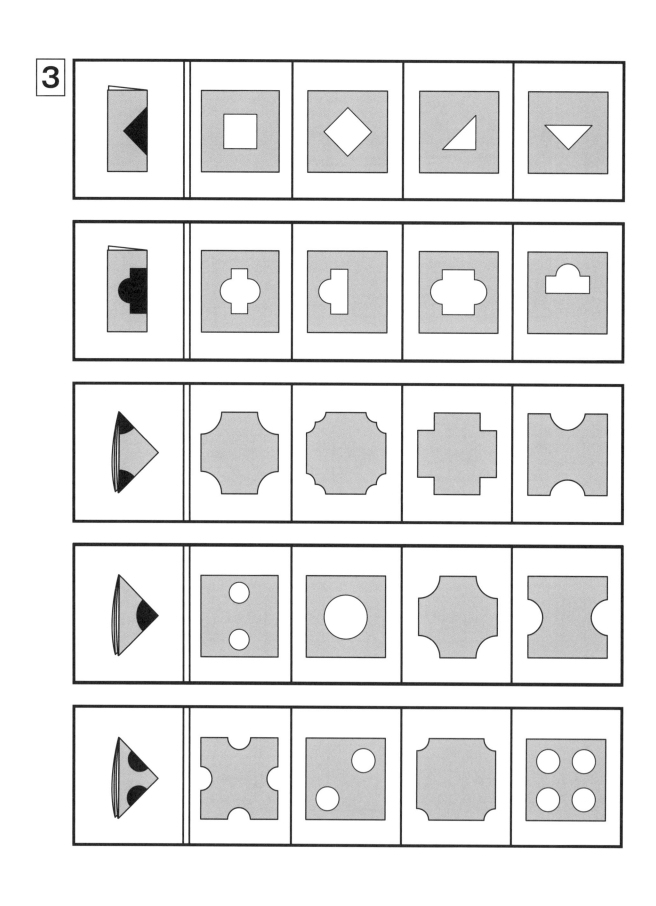

4

5

section 2021 日本女子大学附属豊明小学校入試問題

■ 選抜方法

考査は1日で、生年月日の年長者より順に約20人単位でペーパーテスト、集団テストを行う。所要時間は約1時間30分。考査日前の2日間のうち、希望日に親子面接がある。面接の所要時間は10〜15分。

┃ ペーパーテスト ┃ 筆記用具はクーピーペン（水色、黒、緑）、鉛筆を使用し、訂正方法は×（バツ印）。出題方法は口頭と音声。

1 数 量

・アヒルは何匹いますか。その数だけ、アヒルの横のマス目に1つずつ○をかきましょう。

・チョウチョと同じ数の生き物はどれですか。チョウチョの横の四角から選んで○をつけましょう。

・ウシとヒツジを合わせた数と、同じ数の生き物はどれですか。ウシとヒツジの横の四角から選んで○をつけましょう。

・チューリップを3本ずつ花瓶に入れていくと、花瓶はいくつあるとよいですか。その数だけ、花瓶の横のマス目に1つずつ○をかきましょう。

2 推理・思考（絵の順番）

・それぞれの段を見ましょう。いろいろな場面の絵が左から順番に描いてあります。空いているところに入ると思う絵をすぐ下から選んで、その下の四角に○をかきましょう。

3 点図形

・上のお手本と同じになるように、下にかきましょう。

4 話の理解

※カラーで出題。絵の中の指示通りに扉に色を塗ってから行ってください。

「ここは動物マンションです。このマンションには、1階に3つの扉があります。それぞれの扉を入ると、描かれているところに階段があります。上の絵です。右手に本を持ったネコさんは、ヒツジさんから本を借りていたので返しに来ました。一番近い扉から入ってすぐの階段を上り、左に曲がって一番左にあるヒツジさんのお家に向かいました。ところがヒツジさんは留守だったので、その上にすんでいるヒツジさんのおばあさんのお家で預かってもらうことにしました」

・本を返しに来たネコさんに黒で○、ネコさんが入った扉に水色で○、ヒツジさんのおば
あさんのお家に黒で○をつけましょう。

「下の絵です。今日はライオン君のお誕生日です。みんなでライオン君のお家でお誕生日
会をすることになりました。ライオン君の隣にすむトラ君がみんなを呼びに行きましたが、
お家が留守で誘えないお友達もいました。クマ君はライオン君のお家に着いたときに、プ
レゼントを忘れてきてしまったことに気づき、取りに戻りました。そのころ、外で遊んで
いたしま模様の洋服を着たウサギさんが戻ってきました。ウサギさんは野原でお花を摘ん
だので、そのお花をプレゼントにしてライオン君のお家へ向かいました。ウサギさんは左
の扉から入ってすぐの階段を上り、初めにカバ君、その次にイヌ君を誘って、その先の階
段を上りました。上ってすぐ右のお家にすむネズミ君も、ちょうどトラ君に誘われてライ
オン君のお家へ行くところだったので一緒に行きました。こうしてみんなが集まり、楽し
いお誕生日会になりました」

・お話に出てきたにウサギさんに黒で○、ウサギさんが入った扉に水色で○、ネズミさん
のお家に黒で○をつけましょう。

5 巧緻性・模写

・上のお手本と同じになるように鉛筆で色を塗り、足りないところをかき足しましょう。
色を塗るときは濃さの違いがわかるように塗りましょう。

集団テスト

🔲 制作（マラカス作り）

上履きを脱いでマットに上がり、正座して行う。机の上に3色（水色、ピンク、緑などグ
ループによって異なる）のビーズが入った紙コップ、ペットボトル（小）、半円の形をし
たシール（金色、銀色）、お皿、スプーンが用意されている。ビーズを紙コップからスプー
ンで3杯すくい、お皿に移す。移したうち水色とピンクのビーズだけを手でつまんでペッ
トボトルに入れ、ふたをしたらシールを貼って自由に模様をつける。

身体表現

制作で作ったマラカスを使用する。テスターの動きを見て、下のお約束通りにマラカスを振る。

〈約束〉

・テスターが普通に傘をさしているときは小雨なので、マラカスを小さく振って小さな音を出す。

・テスターが強い風に負けないように前かがみになって傘をさしているときは風の強い大雨なので、マラカスを大きく振って大きな音を出す。

・テスターが傘を閉じて下に向けたときは雨がやんだということなので、マラカスは振らない。

指示行動

壊れて途中が途切れている橋の先に、クマのぬいぐるみが置いてある。橋の周りには目印になるいくつかの果物の絵と、それぞれの上に結んだひもが置いてある。各自好きな果物のところに座り、テスターの指示の通りに次のような活動を行う。

・ひもで丸を作り、カニになってその丸の中に入る。

・ひもで四角を作り、ペンギンになってその周りを歩く。

・ひもで渦巻きを作る。

・ひもで好きな形を作る。

・壊れた橋をお友達と一緒に直す。それぞれが持っているひもを、壊れた橋をつなぐように両側に伸ばして置いていく。その後、順番に橋を渡って向こう側にいるクマのぬいぐるみに手を振ってから戻る。

パラバルーン遊び

5、6人のグループに分かれて行う。グループ全員でパラバルーンを持ち、真ん中に目のついたボールの「まるちゃん」を載せる。テスターたちのグループがお手本を見せ、その動きをよく見て、同じように右に回ったり、左に回ったり、パラバルーンを揺らしたりす

る。最後にみんなで協力して、「まるちゃん」をそれぞれのグループのところにある段ボール箱のお家に入れる。

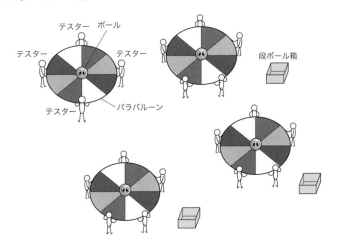

🔲 行動観察（学校探検）

グループに分かれて、プールや音楽室を見学する。音楽室ではテスターが楽器を鳴らしてくれる。

〈約束〉

・テスターと同じ方向を向いて歩く。

・声を出さない。

・珍しいものを見ても触ってはいけない。

親 子 面 接 ┃ 2人の面接官が担当する。

本 人

・お名前を教えてください。

・幼稚園（保育園）ではどんな遊びをしますか。

・好きな食べ物は何ですか。そのお料理を作るときに、お手伝いはしますか。

・お手伝いは何をしていますか。

・一番好きな外遊びは何ですか。誰と、どこで遊びますか。

・仲よしのお友達の名前を2人（3人）教えてください。

父 親

・本校の印象はいかがですか。

・本校に期待することは何ですか。

・志望理由をお話しください。

・仕事において気をつけていることで、お子さんに伝えたいことはありますか。

・ご家庭の教育方針についてお話しください。

・お子さんとの時間をどのようにつくっていますか。

・コロナ禍でお子さんが成長したと感じたのはどのようなことですか。

・コロナ禍で、ご家族とのかかわりはどのようにしていましたか。

母　親

・本校の印象はいかがですか。

・本校に期待することは何ですか。

・仕事をするうえで、どのようなことを大切にしていますか。

・母親として優しさが必要だと感じるのはどのようなときですか。

・ご夫婦の間で教育についての考え方が対立したときはどうされますか。

・お子さんの成長をどのように見守っていますか。

・インターネットとのつき合い方について、どのように考えていらっしゃいますか。

・コロナウイルス対策での自粛期間中、ご自宅でどのように過ごされましたか。またその中でお子さんが成長したことや、これまでと変わったことはありますか。

・（面接資料より）本校出身のお知り合いの方についてお話しください。

・（面接資料より）お子さんはごきょうだいとどのようにかかわっていますか。

面接資料／アンケート

出願時に面接資料を提出する。以下のような記入項目があり、志願者写真を貼付する。

・志願者の氏名、生年月日、本人について（行動の傾向など）、保育歴。

・志望理由、通学方法（所要時間と経路）、保護者の氏名など。

・家族紹介（記入は自由）。

1

2

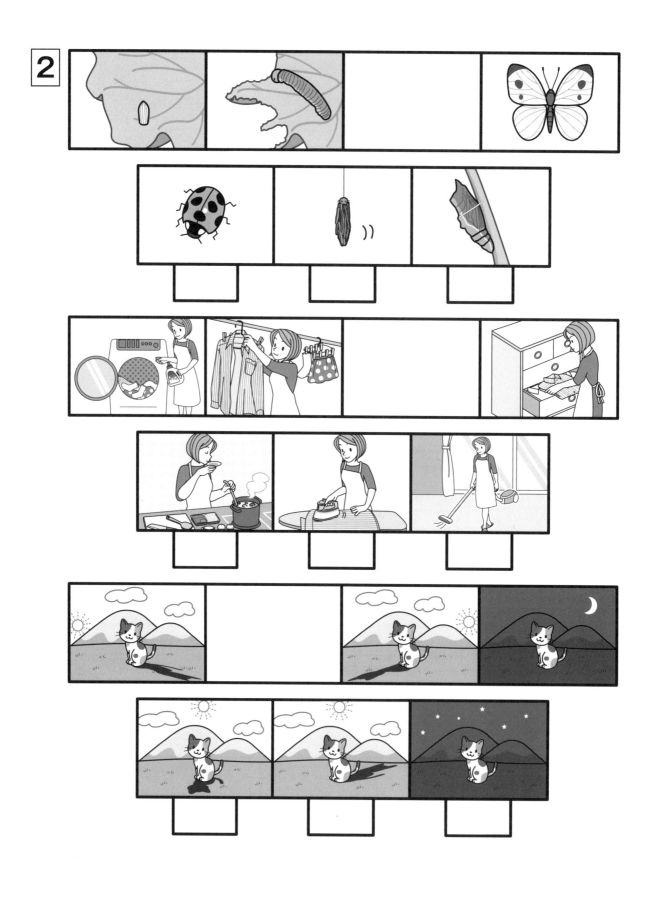

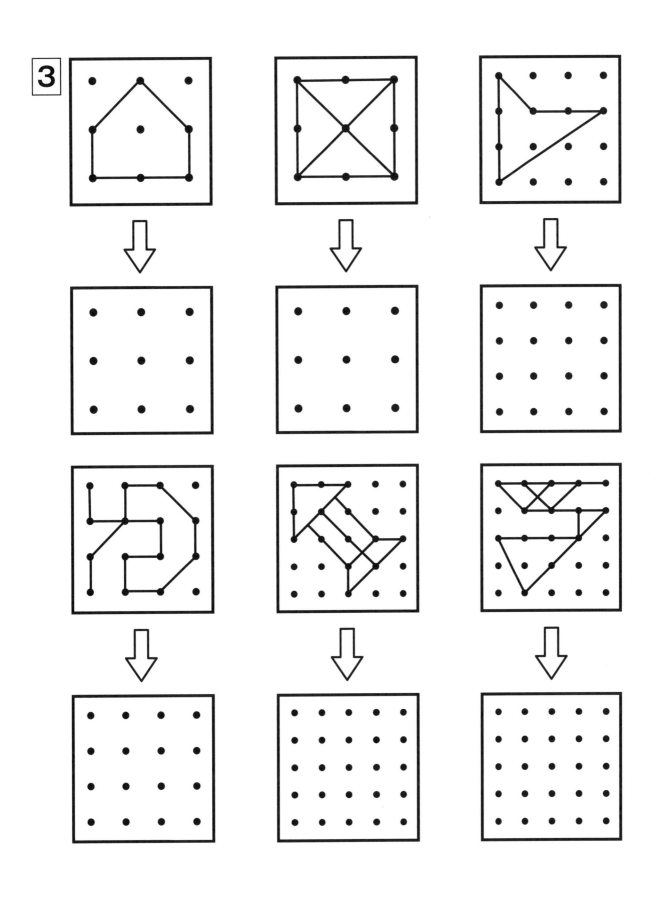

4

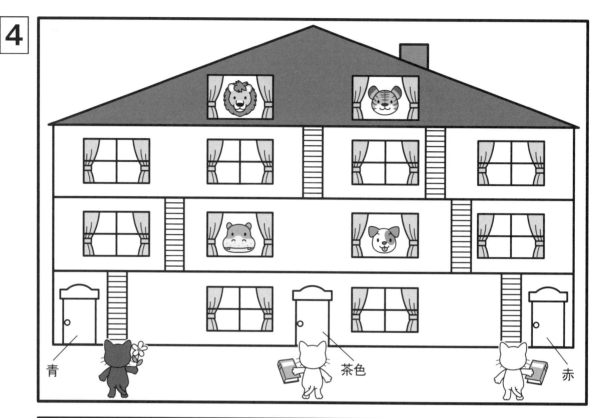

青　　　　　　　　　茶色　　　　　　　　赤

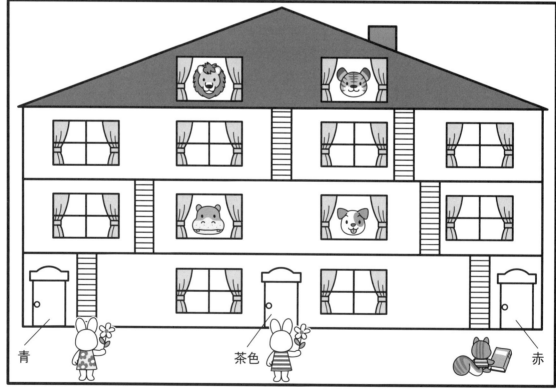

青　　　　　　　　　茶色　　　　　　　　赤

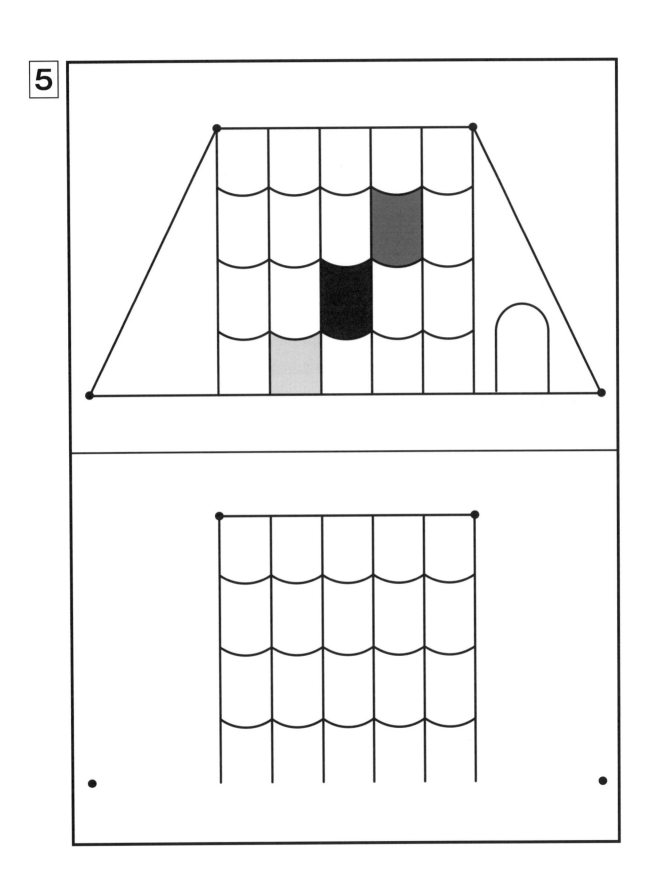

5

2020 日本女子大学附属豊明小学校入試問題

■ 選抜方法

考査は1日で、生年月日の年少者より順に10～20人単位でペーパーテスト、集団テストを行う。所要時間は約2時間。考査日の翌日から2日間で年少者より順に、指定された日時に親子面接がある。面接の所要時間は10～15分。

■ ペーパーテスト ■ 筆記用具はクーピーペン（水色、緑）、鉛筆を使用し、訂正方法は×（バツ印）。出題方法は口頭。

1 数 量

・左端のお手本と同じ数にするには、どれとどれを合わせればよいですか。右の太陽と三日月の四角から1つずつ選んで、水色で○をつけましょう。

2 推理・思考（重さ比べ）

・左側がお手本です。お手本のシーソーを見て、正しいものを右から選んで水色で○をつけましょう。

3 構 成

・左の形を作るのに必要なものを右から選び、水色で○をつけましょう。

4 話の理解・位置の移動

子どもたちが、動物園に遊びに行きました。
・はなこさんは、リボンをつけた女の子です。はなこさんに緑で○をつけましょう。
・はなこさんは黒い丸のところまで進み、そこを右に曲がりました。そのとき、すぐ右に見える動物に水色で○をつけましょう。
・眼鏡をかけた男の子が、まっすぐ進み白い星のところまで行きました。そこを右に曲がり、パンダのすぐ左にあるソフトクリーム屋さんに行きました。そのソフトクリーム屋さんに水色で○をつけましょう。
・帽子をかぶった男の子が真っすぐ黒い星のところまで進んで左に曲がり、白い星の少し先までそのまま進むと、すぐ右にいる動物の写真を撮りました。その動物に緑で○をつけましょう。

5 巧緻性

お手本と色を塗る台紙、ネコが描かれた台紙、モール、鉛筆が用意されている。

・鉛筆を使って上のお手本と同じになるように色を塗り、点線はなぞりましょう。色を塗るときは濃さの違いがわかるように塗りましょう。

・穴にモールを通し、台紙に描かれたネコが入るくらいの大きさの輪を作って上の部分をねじって留めましょう。

6 絵画（条件画）

・ウサギさんが寂しそうです。どうしたらウサギさんが楽しくなるか考えて、鉛筆で周りに絵を描きましょう。

集団テスト

■ ジャンケンゲーム

5枚のコインが入ったポシェットが1人に1つずつ配られる。「さんぽ」などの音楽に合わせて行進し、テスターが太鼓を鳴らしたら止まって相手を見つけ、下のお約束のように体を使ってジャンケンをする。負けたら相手にコインを1枚渡す。やめと言われるまで続ける。

〈約束〉

グー：胸の前で両手をグーの形にしてしゃがむ。

チョキ：両手をチョキの形にしながら片手を上げ、片手は下げた状態で片足立ちをする。

パー：両手をパーの形にしながら両手と両足を大きく横に開く。

■ 共同制作（町作り）

4人ずつのグループに分かれて行う。グループごとに、真ん中に公園の描かれた模造紙1枚、お家が描かれた絵カード数種類、おもちゃのお店の模型が数種類、人形が数種類、人数より少ない数のクレヨン、スティックのりが用意されている。お家が描かれた絵カードを1人1枚ずつ選び、みんなで相談して模造紙に道などを描き足してから、それぞれが選んだお家の絵カードをスティックのりで貼って町を作る。その後、みんなで相談しながらお店の模型を選んで模造紙の町の上に置き、人形を使って楽しく遊ぶ。

■ 自由遊び

おままごとセット、スーパーボールすくい、玉入れ、アクセサリー作りなどのコーナーがある。お友達と好きなところで仲よく遊ぶ。

親子面接 | 3人の面接官が担当する。

本 人

- お名前を教えてください。
- お友達の名前を教えてください。
- 幼稚園（保育園）で何をして遊ぶのが好きですか。
- 外遊びで好きなことは何ですか。誰と遊びますか。
- 好きな食べ物は何ですか。それはどこで食べますか。
- お手伝いをしていますか。どんな料理を一緒に作りますか。

父 親

- お仕事の内容についてお話しください。
- お仕事で大切にしていることは何ですか。
- お子さんのお名前の由来についてお話しください。
- お子さんとどのようにかかわっていますか。
- お子さんをどのようなときにほめますか。
- ごきょうだいの様子はいかがですか。
- 休日の過ごし方についてお話しください。
- ご夫婦で育児、家事の分担はされていますか。
- 本校の印象はいかがですか。
- 本学園の三綱領について、どのように考えていますか。
- ご家庭の教育方針についてお話しください。
- 子どものお手伝いについてどのように考えていますか。
- 奥さまからお子さんに受け継いでほしいと感じることは何ですか。

母 親

- お仕事の内容についてお話しください。
- 学校見学、説明会での本校の印象はいかがでしたか。
- 家事の分担はどのようにされていますか。
- 食生活で気をつけていることは何ですか。
- 健康管理で気をつけていることはありますか。
- 最近お子さんが成長したと感じることはありますか。
- きょうだい同士の関係はいかがですか。
- 母親としての優しさや厳しさが必要になるのはどのようなときですか。

・最近、子育てをするうえで困っていることはありますか。

・育児を通してご自身が学ばれたことは何ですか。

・ご家庭で大切にしていることは何ですか。

面接資料／アンケート 出願後に届く面接資料に記入し、考査日前の指定日時に提出する。以下のような記入項目があり、志願者写真を貼付する。

・志願者の氏名、生年月日、本人について（行動の傾向など）、保育歴。

・志望理由、通学方法（所要時間と経路）、保護者の氏名など。

・家族紹介（記入は自由）。

1

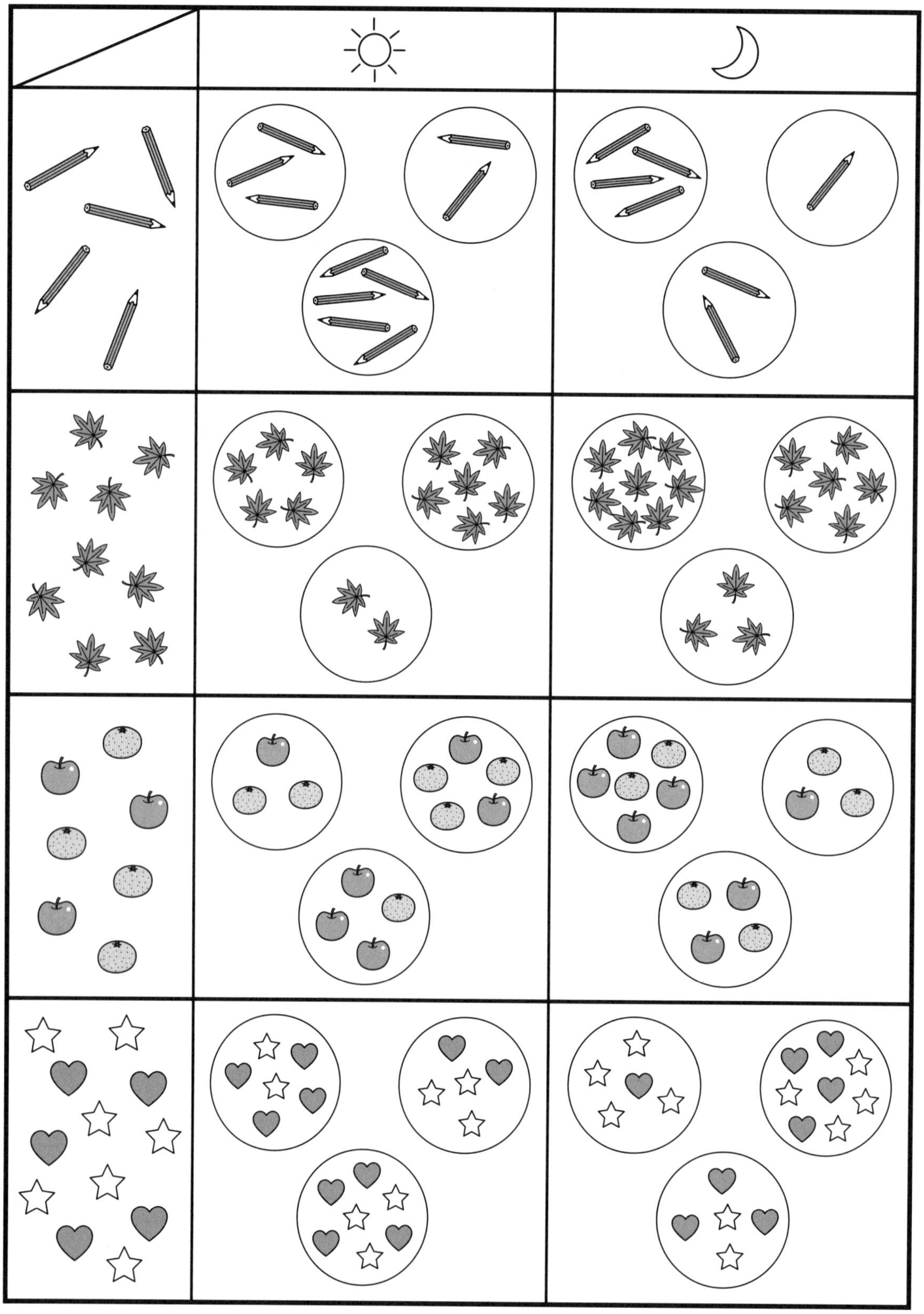

2

3

4

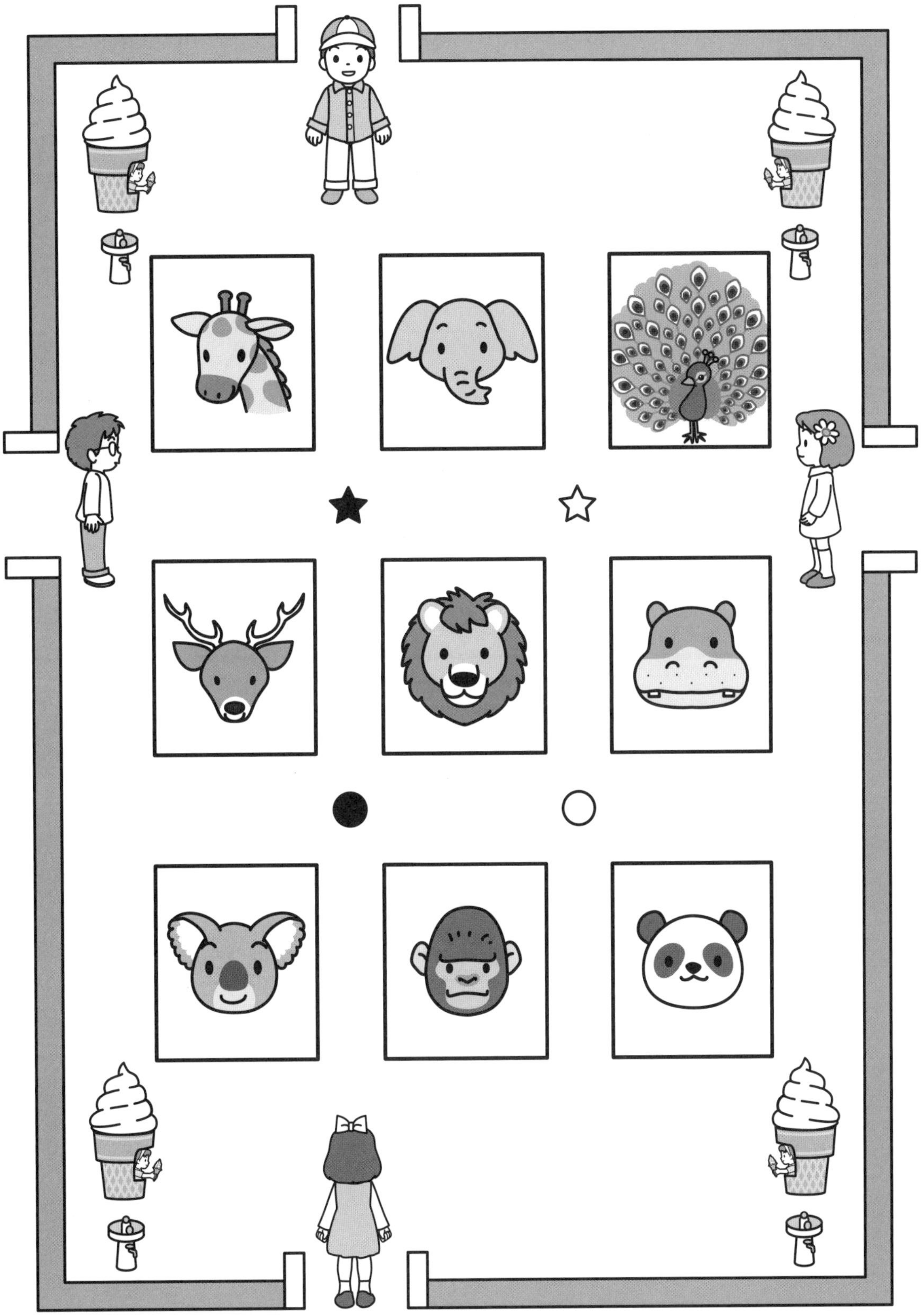

5

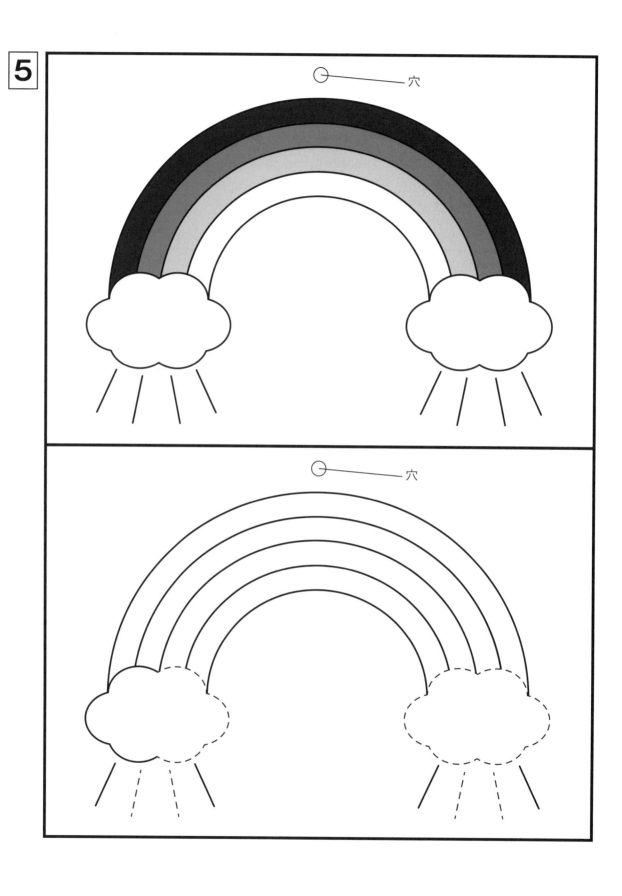

穴

穴

5

〈用意されているもの〉

ネコが描いてある台紙

【完成図】

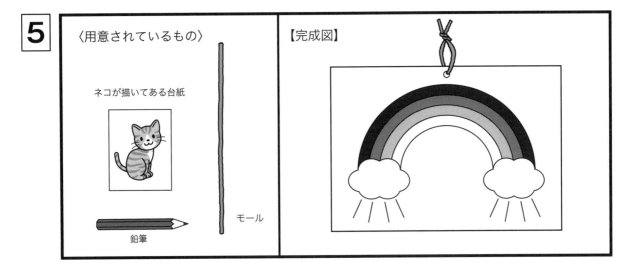

鉛筆　　　モール

6

2019　日本女子大学附属豊明小学校入試問題

■ 選抜方法

考査は1日で、生年月日の年少者より順に10〜20人単位でペーパーテスト、集団テストを行う。所要時間は約2時間。考査日の翌日から2日間で年少者より順に、指定された日時に親子面接がある。面接の所要時間は10〜15分。

┃ ペーパーテスト ┃ 筆記用具はクーピーペン（水色）、鉛筆を使用し、訂正方法は×（バツ印）。出題方法は口頭。

1 数　量

・上の2つの四角の中にある果物を合わせると、いくつになりますか。正しいものを下の四角の中から選んで○をつけましょう。

2 数　量

・左端のお手本の積み木と同じ数のものを、右側から選んでそれぞれ○をつけましょう。

3 推理・思考（重ね図形）

・点線の上の2枚の絵は、透き通った紙に描いてあります。この2枚の絵をそのまま重ねると、どのようになりますか。それぞれすぐ下の4つの中から選んで○をつけましょう。

4 話の理解

・バナナの段です。丸の中に四角が入っているものに○をつけましょう。
・リンゴの段です。丸を半分に分けて、その片方の真ん中に黒丸があるものに○をつけましょう。
・ブドウの段です。6つのお部屋に分かれていて、丸がバツとバツに挟まれて、黒い部屋があるものを選んで○をつけましょう。
・メロンの段です。大きな木と小さな木が並んでいます。どちらにもリンゴがなっていますが、小さな木には大きな木より1個少なくリンゴがなっています。大きな木の側には女の子がいて、小さな木の側にはお母さんがいます。今のお話に合うものに○をつけましょう。
・イチゴの段です。片方の耳が黒く、右手にカゴを持っているネコに○をつけましょう。
・ミカンの段です。両方同じ目をしていて、リボンを真ん中につけているウサギに○をつけましょう。

5 巧緻性・模写

・上のお手本と同じになるように色を塗り、足りないところを描き足しましょう。鉛筆を使い、色を塗るときは濃さの違いがわかるように塗りましょう。

絵画（創造画）・巧緻性

B5判の白い台紙、丸いシール（緑、ピンク、紫、水色など）複数枚、長四角のシール（茶色）4枚が用意されている。

・シールを貼って絵にしましょう。シールを貼るだけでなく、鉛筆で描き足してもよいですよ。シールは全部使わなくても構いません。

集団テスト | 各自にポシェットが配付され、肩からかけて行う。

ジャンケンゲーム

在校生と3回ジャンケンをする。勝ったらリボンの形のシール、負けたらハートの形のシールをもらい、自分のポシェットに入れる。

行動観察（お花屋さんごっこ）

ポシェットにあらかじめ貼られているシールの色（赤または青）により、店員とお客さんの役に分かれて行う。店員役の人には在校生がエプロンをつけてくれ、リースの形がかかれた台紙（模造紙半分ほどの大きさ）、ジャンケンゲームでもらったリボンやハートのシール、ペンなどを使い、お店の看板を作る。茶色の四角い花瓶、白の丸い花瓶、黄色やピンクのバラのほかいろいろな種類の模擬の花が用意されており、お客さん役の人は白い花瓶に黄色のバラ2本とピンクのバラ1本、茶色の花瓶には好きな花2本を入れてお花屋さんの準備をする。それからお客さん役の人にコインが5枚配られ、ポシェットに入れてお花屋さんで買い物ごっこをする。店員役の人は売れたお花を袋に入れてお客さんに渡す。コインは足りなくなったら申し出ると追加でもらうことができる。ウッドブロックが鳴ったら役割を交代して行い、もう一度鳴ったら一斉に片づけを行う。

自由遊び

おままごとセット、スーパーボールすくい、ビーズ通し、輪投げのコーナーがあり、お友達と好きなところで仲よく遊ぶ。スーパーボールすくい以外のコーナーはカーペットの上に用意されており、靴を脱いでから遊ぶ。

親 子 面 接 | 3人の面接官が担当する。

本 人

- お名前を教えてください。
- お友達の名前を教えてください。
- 幼稚園（保育園）で何をして遊ぶのが好きですか。
- 大きくなったら何になりたいですか。それはなぜですか。
- 外遊びで好きな遊びは何ですか。誰と遊びますか。
- お母さんの作るお料理で何が一番好きですか。それは、どんな味がしますか。
- どのようなお手伝いをしますか。（料理と答えると）どのような料理を一緒に作りますか。

父 親

- お仕事内容についてお話しください。
- お子さんのお名前の由来についてお話しください。
- お子さんとどのようにかかわっていますか。
- お子さんをどのようなときにほめますか。
- きょうだいの様子はいかがですか。
- 休日の過ごし方についてお話しください。
- ご夫婦で育児、家事の分担はされていますか。
- 本校の印象はいかがですか。
- ご家庭の教育方針についてお話しください。
- お子さんのお手伝いについてどのように考えていますか。
- 奥さまからお子さんに受けついでほしいと感じることは何ですか。
- お子さんと公共の交通機関を利用していますか。そのとき、何に気をつけますか。

母 親

- お仕事内容についてお聞かせください。
- 学校見学、説明会での印象はいかがでしたか。
- 家事の分担はどのようにされていますか。
- 食生活で気をつけていることは何ですか。
- 最近お子さんが成長したと感じることはありますか。
- きょうだい同士の関係はいかがですか。
- 母親としての優しさや厳しさが必要になるのは、どのようなときですか。

・育児を通してご自身が学ばれたことは何ですか。

・ご家庭で大切にしていることは何ですか。公共のマナーについて、どのようにお子さんに伝えていますか。

面接資料／アンケート 出願後に届く面接資料に記入し、考査日前の指定日時に提出する。以下のような記入項目があり、志願者写真を貼付する。

・志願者の氏名、生年月日、本人について（行動の傾向など）、保育歴。

・志望理由、通学方法（所要時間と経路）、保護者の氏名など。

・家族紹介（記入は自由）。

1

 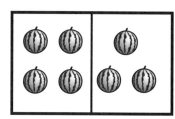

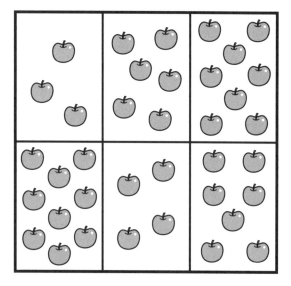 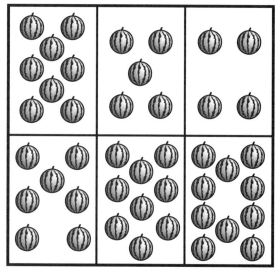

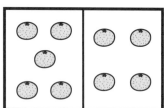 

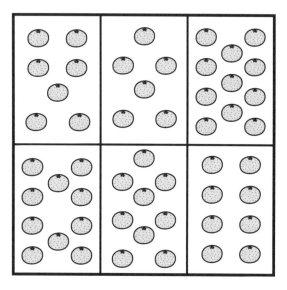 

2

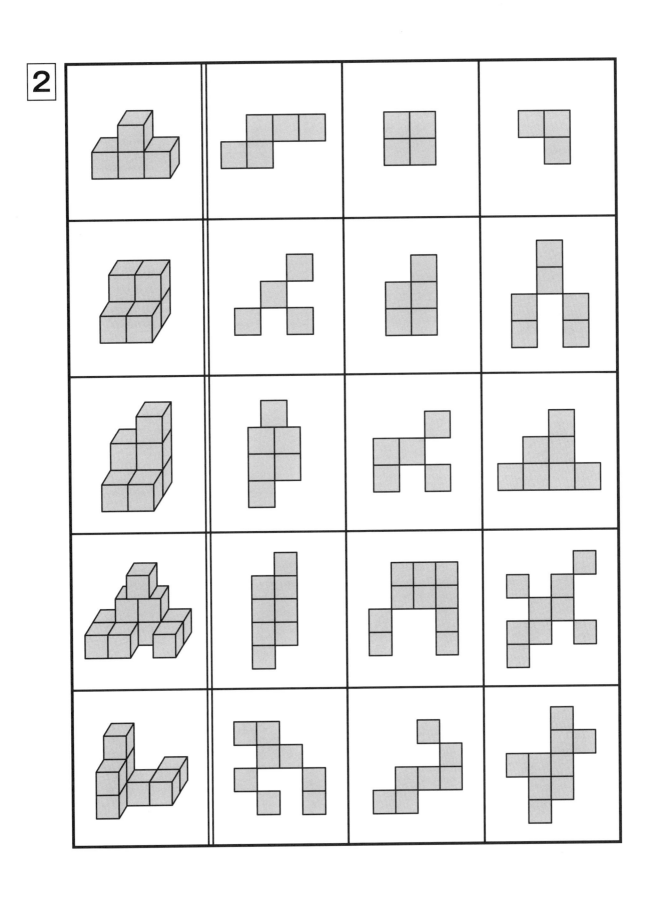

3

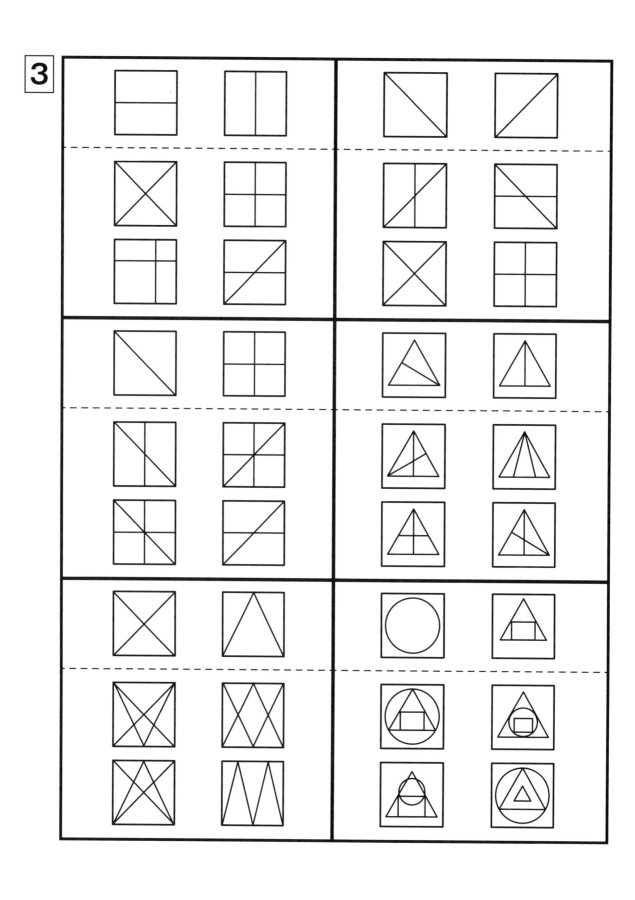

5

section 2018 日本女子大学附属豊明小学校入試問題

■ 選抜方法

考査は1日で、生年月日の年少者より順に10〜20人単位でペーパーテスト、集団テストを行う。所要時間は約1時間30分。考査日の翌日から2日間で年少者より順に、指定された日時に親子面接がある。面接の所要時間は10〜15分。

┃ ペーパーテスト ┃ 筆記用具はクーピーペン（水色、黒）を使用し、訂正方法は×（バツ印）。出題方法は口頭。

1 数 量

・左の四角と同じ数のものを右側から選んで○をつけましょう。

2 観察力（同図形発見）

・左のお手本と同じ絵を探して○をつけましょう。向きが変わっているものもあります。

3 推理・思考（対称図形）

・左端のように折り紙を折って、黒いところを切り取って開くとどうなりますか。右から選んで○をつけましょう。

4 話の理解

・真ん中に丸、上に四角、下に三角がかいてある絵に○をつけましょう。
・丸の真ん中に黒丸があり、そこを通る縦と横の線がある絵に○をつけましょう。
・右のポケットにハートの模様があり、黒いリボンがついているバッグに○をつけましょう。
・右耳が折れていて、左手にバスケットを持っているウサギに○をつけましょう。

5 巧緻性・絵画

・コスモスの花と葉っぱ、周りの模様の点線を黒のクーピーペンでなぞりましょう。
・知っている果物を、黒のクーピーペンでできるだけたくさん描きましょう。

┃ 集団テスト

🔲 巧緻性（お弁当作り）

上履きを脱がずに座布団に正座して行う。机の上に空のお弁当箱が描かれた台紙、紙でできたおにぎりやおかず（サケ、ウインナー、から揚げ、ブロッコリー、プチトマト、ホウレンソウ、アスパラガス、玉子焼き、リンゴ、キウイなど）が用意されている。おにぎりやおかずの裏にはテープが貼ってあり、台紙に自由に貼りつけられる。

・お弁当箱に、おにぎりやおかずを入れましょう。お弁当箱の小さいお部屋にはおにぎりを2つ、大きいお部屋にはおかずを入れてください。あまりたくさん入れるとおいしそうに見えないので、おいしそうに見えるよう考えながら入れましょう。また、お弁当箱からおかずがはみ出さないようにしてください。

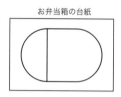

お弁当箱の台紙

🔲 指示行動

5、6人のグループで行う。花が数か所に置いてあり、それぞれが各グループの花として指定される。「さんぽ」の曲に合わせてその場で足踏みをして、太鼓の音が鳴ったらその数に合わせてお約束通りの動きをする。

〈約束〉

・太鼓が1回鳴ったら止まる。

・太鼓が2回鳴ったらウサギのように跳ねる。

・太鼓が3回鳴ったら自分のグループの花の方を見てしゃがむ。

🔲 集団ゲーム（クルミ運びリレー）

5、6人のグループで行う。クルミ公園にピクニックに行き、リスのクルミ拾いのお手伝いをする。1人1つずつレンゲを持ち、スタートの場所からゴールのカゴまで1列に並ぶ。在校生が先頭の子のレンゲにクルミ（ピンポン球）を載せたら、順番に後ろの子のレンゲに直接手で触れないようにしてピンポン球を移していき、最後尾の子は、ピンポン球をカゴの中に入れる。これをどんどん続ける。落としたときは在校生が拾って載せてくれるので、その場からもう一度やり直す。一番早く全部のクルミを届けたグループの勝ち。

在校生

カゴ

ピンポン球が入っている

在校生がクルミ（ピンポン球）を先頭の子のレンゲに載せてくれる。
バケツリレーの要領でピンポン球を受け渡し、最後の子がカゴに入れる

🔷 自由遊び

砂場、おままごとセット、積み木、パターンブロック、輪投げのコーナーがあり、お友達と好きなところで仲よく遊ぶ。

親 子 面 接 ┃ 3人の面接官が担当する。

本 人

- ・お名前を教えてください。
- ・幼稚園（保育園）で何をして遊ぶのが好きですか。
- ・大きくなったら何になりたいですか。それはなぜですか。
- ・外遊びで好きな遊びは何ですか。誰と遊びますか。
- ・お母さんの作るお料理では何が一番好きですか。それはどんな味がしますか。
- ・どのようなお手伝いをしますか。（料理と答えると）どのようなお料理を一緒に作りますか。

父 親

- ・お仕事内容についてお話しください。
- ・お子さんのお名前の由来についてお話しください。
- ・お子さんとどのように接していますか。
- ・どのようなときにお子さんをほめますか。
- ・（きょうだいがいる場合）きょうだいとのかかわりはどのような様子ですか。
- ・休日のお子さんとの過ごし方についてお話しください。
- ・ご夫婦で家事の分担はされていますか。
- ・本校の印象はいかがですか。
- ・ご家庭の教育方針を教えてください。
- ・お子さんのお手伝いについてどのように考えていますか。
- ・奥さまからお子さんに受けついでほしいと感じることは何ですか。
- ・奥さまの子育てを見て何か感じることはありますか。
- ・父親としての優しさや厳しさが必要なときはどのようなときですか。

母 親

- ・お仕事内容についてお聞かせください。
- ・学校見学、説明会での本校の印象はいかがでしたか。
- ・家事の分担はどのようにされていますか。

・保護者会のときなどに、下のお子さんは預けられますか。

・食生活で気をつけていることは何ですか。

・最近お子さんが成長したと感じることはありますか。

・（きょうだいがいる場合）きょうだいとのかかわりはどのような様子ですか。

・（卒業生の場合）小学生のころの思い出は何ですか。

・ご自身が育った時代と今の時代とで、子育てに関して何か違いを感じますか。

・母親としての優しさや厳しさが必要なときはどのようなときですか。

・育児を通してご自身が学ばれたことは何ですか。

・電車での通学になりますが、お子さんは体力的に大丈夫ですか。

面接資料／アンケート 出願後に届く面接資料に記入し、考査日前の指定日時に提出する。以下のような記入項目があり、志願者写真を貼付する。

・志願者の氏名、生年月日、本人について（行動の傾向など）、保育歴。

・志望理由、通学方法（所要時間と経路）、保護者の氏名など。

・家族紹介（記入は自由）。

1

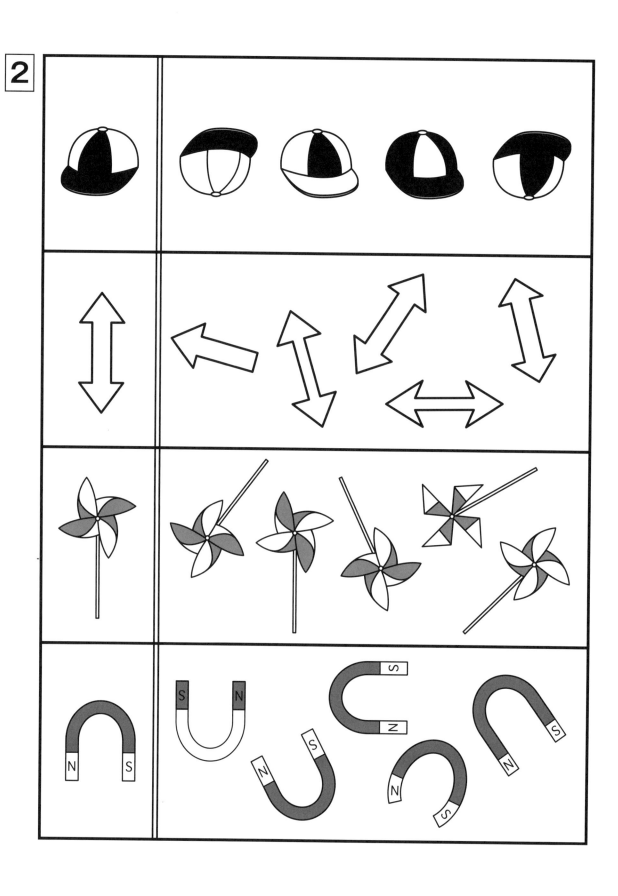

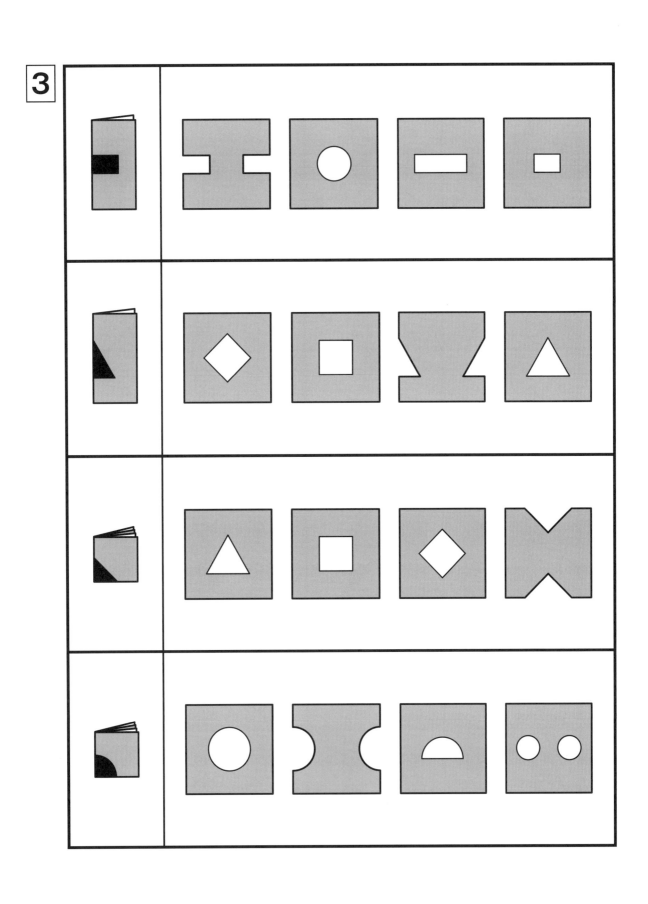

4

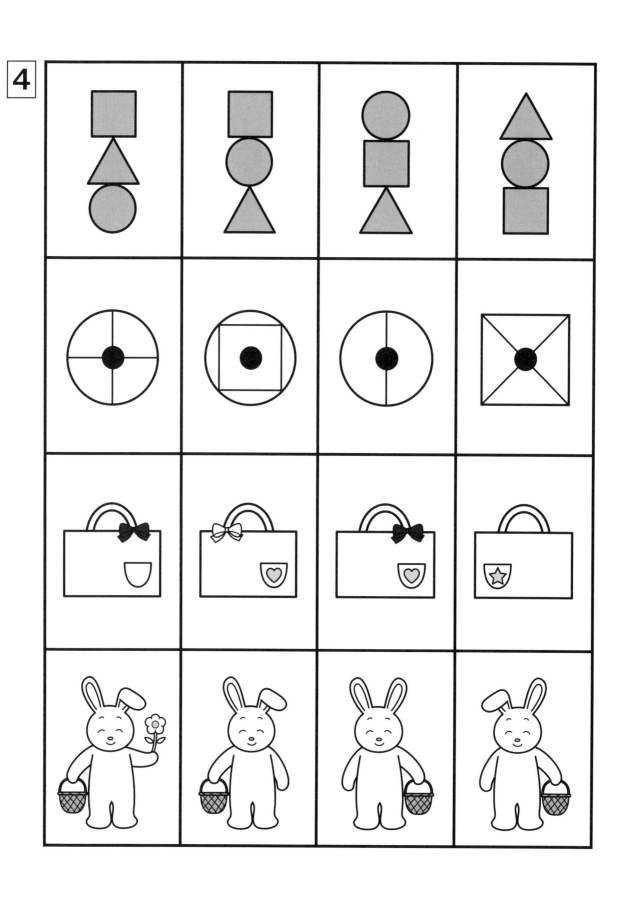

5

2017 日本女子大学附属豊明小学校入試問題

■ 選抜方法

> 考査は1日で、生年月日の年少者より順に10～20人単位でペーパーテスト、集団テストを行う。所要時間は約2時間。考査日の翌日から3日間で年少者より順に、指定された日時に親子面接がある。面接の所要時間は10～15分。

■ ペーパーテスト
筆記用具はクーピーペン（水色、黒）を使用し、訂正方法は×（バツ印）。出題方法は話の記憶のみテープで、そのほかは口頭。

1 話の記憶

「今日はキツネさんのお誕生日。まるで春のような気持ちのよいお天気です。動物たちは、キツネさんのお家で開かれるお誕生日会に招待されました。タヌキ君とウサギさんは、キツネさんの好きなブドウとモミジの葉っぱをプレゼントに持って、バスに乗っていくことにしました。バス停の近くまで行くと、ネコさんがクリを拾っています。『ネコさん、一緒にキツネさんのお誕生日会に行かない？』とタヌキ君が聞くと、ネコさんは『ちょうどよかったわ。わたしは行けないので、このクリをキツネさんに届けてくれないかしら』と言って、クリを渡しました。2匹がバスに乗ると、次のバス停で、水玉のネクタイをして丸い眼鏡をかけたフクロウ君が乗ってきました。フクロウ君は、コスモス2本の花束を持っていました。『フクロウ君もキツネさんのお誕生日会に招待されたのね。一緒に行きましょう』とウサギさんが声をかけ、一緒に行くことにしました。2つ目のバス停からはリスさんが乗ってきました。リスさんは、ドングリとマツボックリがたくさん入ったカゴを持っていて、『まあよかった。一緒に行きましょう』と言いました。キツネさんのお家のすぐ近くのバス停に着くと、あたり一面に赤や黄色に色づいた葉っぱが散らばっていて、とてもきれいでした。すると、木の陰にキツネさんが立っていました。みんなのことを迎えに来てくれていたのです。4匹は声をそろえて『キツネさん、お誕生日おめでとう！』と言いました。キツネさんは『ありがとう！』ととてもうれしそうに答えました」

・今日はどの動物のお誕生日でしたか。○をつけましょう。

・今日はどのようなお天気でしたか。○をつけましょう。

・フクロウ君はどんな格好をしていましたか。○をつけましょう。

・フクロウ君が持っていた花束はどれですか。○をつけましょう。

・動物たちは何に乗ってキツネさんのお家に行きましたか。○をつけましょう。

・このお話の季節の絵に○をつけましょう。

2 数　量

・上の2つの四角に描かれているものを合わせるといくつになりますか。下の4つの中から選んで○をつけましょう。

3 推理・思考（四方図）

・机の上の積み木を動物たちが見ています。下の小さい四角の中の動物からはどのように見えますか。正しいものに○をつけましょう。

4 推理・思考（重ね図形）

・左の形は透き通った紙にかいてあります。この2枚をそのまま重ねるとどのようになりますか。正しいものを右から選んで○をつけましょう。

5 巧緻性・模写

・上のお手本と同じになるように色を塗り、足りないところを描き足しましょう。色を塗るときは色の濃さがわかるように黒のクーピーペンを使い、描き足すときは水色のクーピーペンを使ってください。

巧緻性（シール貼り・構成）

表面がツルツルした黒い台紙、シール（大小の丸、大小の三角、正方形、長方形）が用意されている。

・大きなお家になるように、シールを台紙に貼りましょう。シールは全部使わなくてもよいです。

用意されているシール　　　　　表面がツルツルした台紙

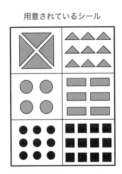

集団テスト

制作（マラカス作り）

6人前後のグループで行う。丸いテーブルの中央にペットボトル、ビーズ、じょうご、ス

プーン、小さいちりとりとほうきのセット、シールが置いてあり、周りに置いてある座布団に座って作業する。ペットボトルに引かれた線のところまで、じょうごを使ってビーズを入れる。その後ふたを閉めて、シールを1枚選んでペットボトルに貼る。

🔊 リズム・身体表現

お花の首飾りと、巻きスカートを身につけた後、制作で作ったマラカスを鳴らしながら、「リロアンドスティッチ」の音楽に合わせて自由に踊る。

🔊 指示行動

マラカスを持ち、音楽に合わせて自由に踊る。音楽が止まり太鼓の音が鳴ったら、その数に合わせてお約束通りの動きをする。

〈約束〉
・太鼓が2回鳴ったらお友達と2人組になり、マラカスの交換をする。
・太鼓が3回鳴ったらお友達と3人組を作り床に座る。
・太鼓が4回鳴ったら机の上にマラカスを置く。

🔊 自由遊び

砂場、おままごとセット、マカロン屋さんごっこ、玉入れのコーナーがあり、お友達と好きなところで仲よく遊ぶ。

親子面接 　2、3人の面接官が担当する。

本人

・お名前を教えてください。
・幼稚園（保育園）で何をして遊ぶのが好きですか。
・大きくなったら何になりたいですか。それはなぜですか。
・外遊びで好きな遊びは何ですか。
・お母さんの作るお料理では何が一番好きですか。
・どのようなお手伝いをしますか。

父親

・お仕事内容についてお話しください。
・お子さんのお名前の由来について教えてください。
・普段、お子さんとどのように接していますか。
・（きょうだいがいる場合）きょうだいとのかかわりはどのような様子ですか。

・お子さんの成長を感じるのはどのようなことですか。

・学校見学、説明会での本校の印象はいかがでしたか。

・ご家庭の教育方針を教えてください。

・ご夫婦で家事の分担はされていますか。

・奥さまのよいところでお子さんに受け継いでほしいのはどのようなところですか。

・ご家族での休日の過ごし方についてお話しください。

・子どものお手伝いについてどのように考えていますか。

母　親

・お仕事内容について教えてください。

・学校見学、説明会での本校の印象はいかがでしたか。

・（きょうだいがいる場合）きょうだいとのかかわりはどのような様子ですか。

・ご家庭での食生活でどのようなことに気をつけていますか。

・家事の分担はどのようにされていますか。

・（仕事をしている場合）お仕事をされていますが、学校行事などへの参加は大丈夫ですか。

・送迎や行事のときに下のお子さんはどうされますか。

・（卒業生の場合）ご自身の小学校時代の思い出についてお話しください。

・ご自身が育った時代と今の時代とで、子育てするうえで感じる違いについてお話しください。

・育児を通してご自身が成長されたと思う点についてお話しください。

・通学方法を確認させてください。通学上の心配はありますか。

面接資料／アンケート

出願後に届く面接資料に記入し、考査日前の指定日時に提出する。以下のような記入項目があり、志願者写真を貼付する。

・志願者の氏名、生年月日、本人について（行動の傾向など）、保育歴。

・志望理由、通学方法と所要時間、保護者の氏名など。

・家族紹介（記入は自由）。

1

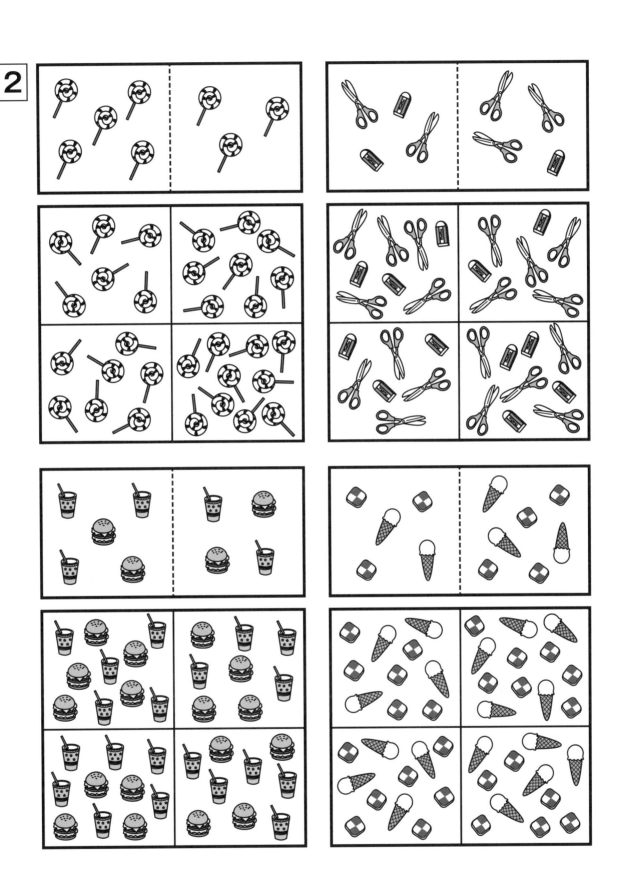

4

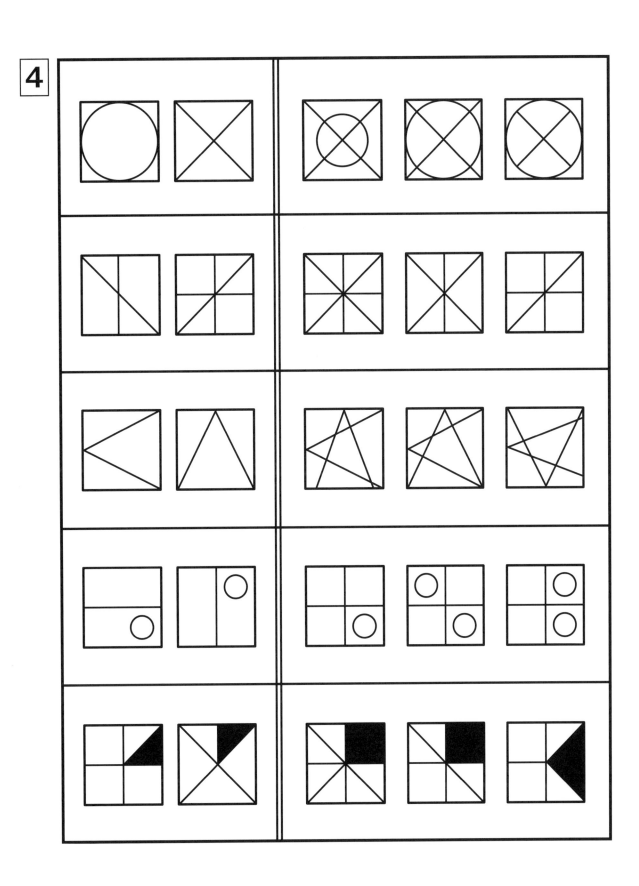

5

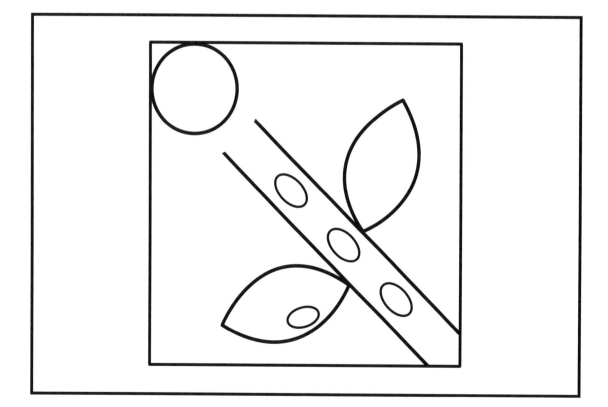

section
2016 日本女子大学附属豊明小学校入試問題

■ 選抜方法

考査は1日で、生年月日の年少者より順に10〜20人単位でペーパーテスト、集団テストを行う。所要時間は約2時間。考査日の翌日から3日間で年少者より順に、指定された日時に親子面接がある。面接の所要時間は10〜15分。

┃ ペーパーテスト ┃ 筆記用具はクーピーペン（水色、黒）を使用し、訂正方法は✕（バツ印）。出題方法は話の記憶のみテープで、そのほかは口頭。

1 話の記憶

「ある日、キツネさんとタヌキさんが『今日はウサギさんのお家のお庭でバーベキューをしようよ』と言いました。一緒にいたほかの動物たちも、『賛成！』と大喜びです。さっそく動物たちはそれぞれ準備を始めました。ウサギさんのお家は三角屋根で、煙突があり、近くには三日月の形をした池があります。後ろには大きな山が1つ見えて、とても景色のよいお家です。キツネさんとタヌキさんは、ウサギさんのお家に向かって歩きながら『ウサギさんのお家に、お肉とニンジンはあるって言っていたから、ほかのものを用意しようね』と話していると、池でクマ君が魚釣りをしているのが見えました。『僕、ウサギさんのところに魚を持っていこうと思って、魚を釣っていたんだ。僕も一緒に行くから、先に歩いていてね！』と言うと、おいしそうなお魚を釣って後から追いついてきました。3匹が歩いていると、ネズミ君に会いました。『僕は、今日は行けないけれど、せっかくだから今掘ったばかりのサツマイモを持っていってよ』とサツマイモをくれました。『ありがとう！』と3匹はお礼を言って、また歩いていきました。さらに歩くと、森の中でたくさんの葉っぱやドングリなどが落ちているところにリスさんがいましたが、何やらとても忙しそうに拾っていましたし、3匹も少し急いでいたので、声はかけずにウサギさんのお家に行きました。リスさんは一生懸命集めたドングリや葉っぱを何でも作れるフクロウさんのところに持っていき、『このモミジの葉っぱで、ウサギさんにプレゼントするブローチを作ってください！』とお願いしました。フクロウさんは、『ブローチができたら、ウサギさんのお家に届けに行くよ』とお約束をしてくれました。リスさんは『ありがとう』とお礼を言うと、急いでドングリとクリを持ってウサギさんのお家に行きました。リスさんがウサギさんのお家に着くとバーベキューが始まりました。みんなでたくさん食べて、楽しい時間を過ごしました」

・ウサギさんのお家でバーベキューをした動物たちに○をつけましょう。

- ・ウサギさんのお家はどれですか。○をつけましょう。
- ・ウサギさんのお家にお魚を持っていったのはどの動物ですか。○をつけましょう。
- ・ウサギさんのお家に持ち寄ったものがすべて正しく描いてある四角に○をつけましょう。
- ・リスさんがプレゼントのブローチを作るために集めたものは何ですか。○をつけましょう。
- ・ウサギさんにブローチを届けてくれるのはどの動物ですか。○をつけましょう。
- ・このお話の季節の絵に○をつけましょう。

2 数　量

- ・左側を見ましょう。星の四角に描いてあるものから、丸の四角に描いてあるものを取るとどのようになりますか。右から選んで○をつけましょう。

3 推理・思考（重さ比べ）

- ・左側がお約束です。右の3つの中から正しい絵を選んで○をつけましょう。

4 点図形

- ・上のお手本と同じになるように、下にかきましょう。

5 巧緻性

- ・黒のクーピーペンで点線をなぞり、リスやドングリの絵を完成させましょう。

6 巧緻性

- ・上のお手本と同じになるように、下のブーツの絵を黒のクーピーペンで濃い、中くらい、薄いという濃さの違いがわかるように塗りましょう。

集団テスト

🔖 行動観察（プリンセスパーティー）

ブレスレットと、カゴの中のエプロンを身につける。3グループに分かれて、オレンジ、キウイ、イチゴのケーキの周りに集まる。1ヵ所にたくさん用意されたカラフルな紙コップから自分たちの好きな色を選び、並べて床にお花を作る（床にはお花を置くスペースが各チームに数ヵ所用意されている。お花は中心に黄色の紙コップを置き、周りの花びらは1色で作り上げるお約束）。用意されたスペース全部にお花ができたら正座で待つ。

中心に黄色の紙コップを置き
その周りに同色の紙コップで
花びらとなるように置く

行動観察（お友達づくり）

前の課題の「プリンセスパーティー」で作ったグループに分かれている。テスターが「オレンジ！」などと各グループの名前を言うので、言われたチームは全員立ち上がり、手をつないで輪を作る。

自由遊び

砂場、輪投げ、キャンディー包み、ネックレス作りのコーナーがあり、お友達と好きなところで仲よく遊ぶ。

親子面接　2、3人の面接官が担当する。

本人

・お名前を教えてください。
・幼稚園（保育園）で仲のよいお友達の名前を教えてください。
・幼稚園（保育園）で何をして遊ぶのが好きですか。
・大きくなったら何になりたいですか。それはなぜですか。
・外遊びで好きな遊びは何ですか。
・お母さんの作るお料理では何が一番好きですか。
・どのようなお手伝いをしますか。お家の人は何と言ってくれますか。

父親

・お仕事内容について教えてください。
・日ごろお子さんと接していてどのようなことを感じますか。
・学校見学、説明会での本校の印象はいかがでしたか。
・ご夫婦で家事の分担はされていますか。
・ご家族でどのような時間を大切にしていますか。
・ご自身のご両親から受け継いだことで、お子さんに伝えたいことは何ですか。
・父親としての厳しさはどのようなときに必要だと感じますか。
・奥さまの子育てについてどう思われますか。
・学生時代の思い出をお話しください。

母親

・お仕事内容について教えてください。
・学校見学、説明会での本校の印象はいかがでしたか。

・幼稚園（保育園）でのお子さんの様子や、お友達とのかかわり方についてどうお考えですか。

・子ども同士のかかわりの中で気をつけてほしいことは何ですか。

・ごきょうだい同士の様子でほほ笑ましいと思うことをお話しください。

・お子さんの健康管理では、普段どのようなことに気をつけていますか。

・（子どもが面接で話した将来の夢について）何かきっかけはありましたか。

・ご家族でどのような時間を大切にしていますか。

・災害時の対策について、ご夫婦で話し合われていますか。

・育児を通してご自身が成長されたと思う点についてお話しください。

・通学方法を確認させてください。

面接資料／アンケート 出願後に届く面接資料に記入し、考査日前の指定日時に提出する。以下のような記入項目があり、志願者写真を貼付する。

・志願者の氏名、生年月日、本人について（行動の傾向など）、保育歴。

・志望理由、通学方法と所要時間、保護者の氏名など。

・家族紹介（記入は自由）。

1

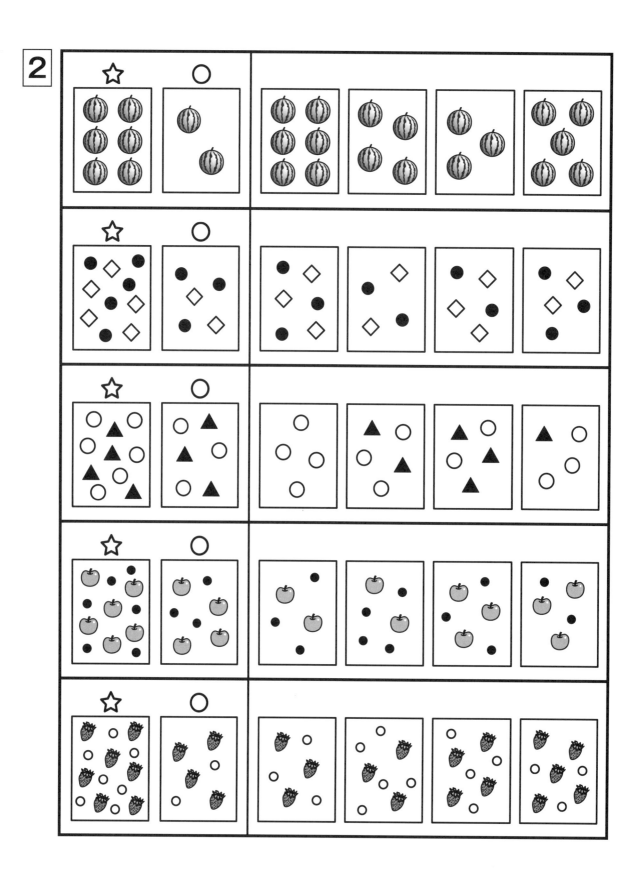

3

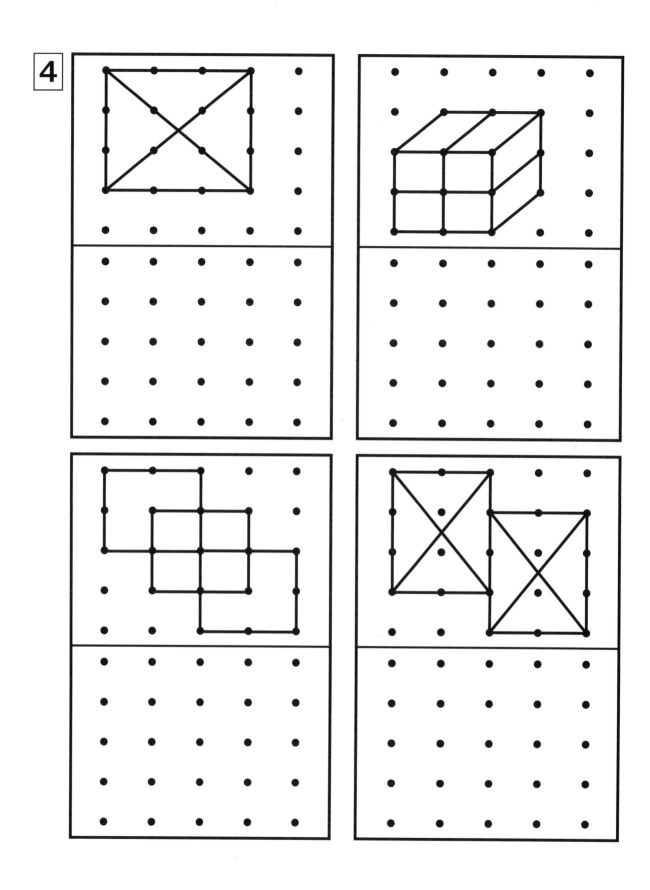

5

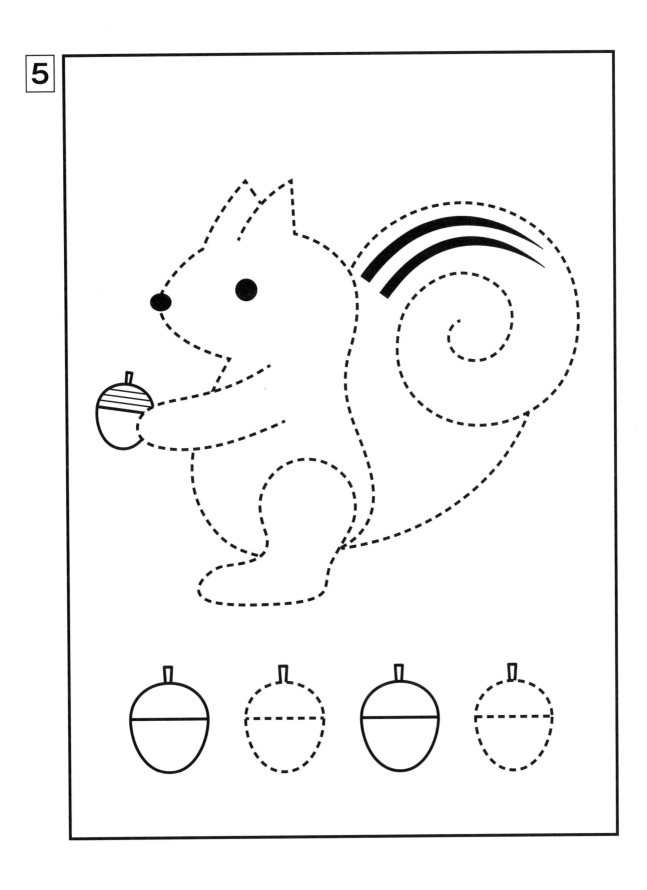

6

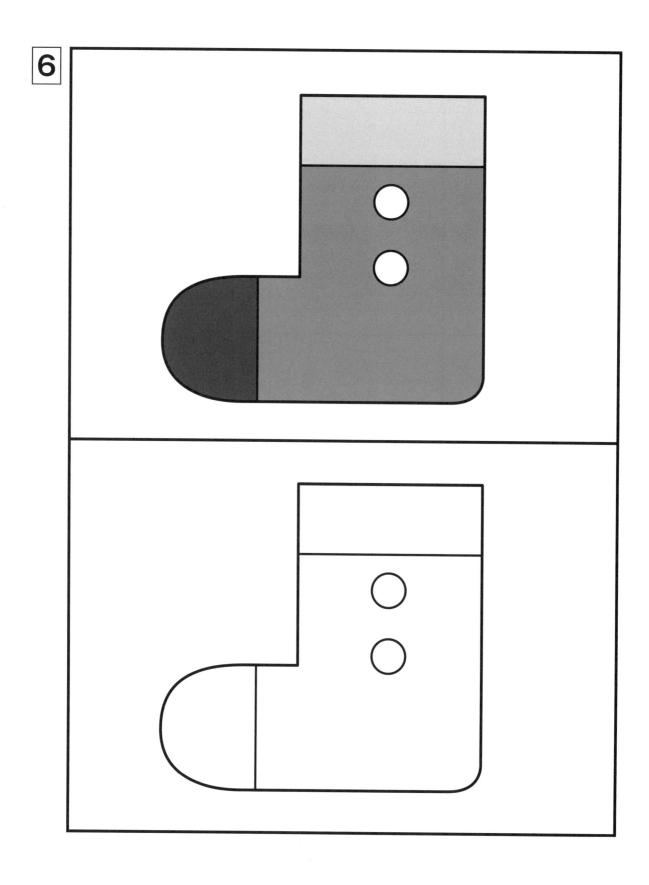

^{section} 2015　日本女子大学附属豊明小学校入試問題

■ 選抜方法

考査は1日で、生年月日の年少者より順に10〜20人単位でペーパーテスト、集団テストを行う。所要時間は約2時間。考査日の翌日から3日間で年少者より順に、指定された日時に親子面接がある。面接の所要時間は10〜15分。

| ■ ペーパーテスト | 筆記用具はクーピーペン（水色、黒）を使用し、訂正方法は×（バツ印）。出題方法は話の記憶のみテープで、そのほかは口頭。 |

1 話の記憶

「今日はとてもよい天気です。お父さんとお母さんと妹とわたしで、海に出かけることになりました。海で泳いだり、いろいろ遊ぶための準備をして、さぁ、出発です。みんなでバスに乗っていくことにしました。『何をして遊ぼうか。楽しみだね』とお父さんが言い、お母さんも『久々のお出かけでうれしいわね！』と話していました。バス停で降りて、海までは歩いていきます。どちらに行けばよいか少し道に迷っていると、向こうの方からうちわを持った男の子とシャベルとバケツを持った女の子がやって来ました。お父さんがその子たちに『海に行きたいのですが、どちらに行けばよいかわかりますか？』と聞くと、『海はあちらですよ！』と女の子が指をさして教えてくれました。みんなで『ありがとうございます』とお礼を言うと、さっそく海の方へ歩き出しました。しばらく歩いていくと、潮の香りがプーンと漂い、カモメが飛んでいるのが見えました。『あっ！　海だ！』わたしと妹は大きな声で言いました。浜辺にシートを敷くと、水着に着替えて家族みんなで海で泳ぎました。海の水は本当にしょっぱかったけど、浮き輪を使って楽しく遊ぶことができました。みんなでお昼ごはんを食べた後、今度は砂浜で遊びました。お山を作っているとそこにカニがやって来ました。『あっ、カニがいるよ！』と妹が教えてくれました。最後は貝殻拾いです。たくさんの貝殻が落ちていて、どれもすてきでしたが、少し大きめのソフトクリームのような形をした貝を見つけました。その貝殻の穴に耳を近づけると中から波のような音が聞こえたので、わたしはその貝をお家で待っているおばあちゃんのお土産にしようと拾いました。今度はおばあちゃんも一緒に来られるように、おばあちゃんに水着をプレゼントしようかなとも思いました。とても楽しい一日でした」

・1段目です。海に行った人が描いてある絵に○をつけましょう。

・2段目です。お土産は誰にあげますか。○をつけましょう。

・3段目です。お土産にあげるものは何ですか。○をつけましょう。

・4段目です。海に行く途中で出会った男の子が持っていたのは何ですか。○をつけましょう。
・5段目です。何に乗って海に行きましたか。○をつけましょう。

2 数　量

・左の四角と同じ数のものを、右側から選んで○をつけましょう。

3 観察力（欠所補完）

・上の絵の黒く抜けているところに入るものを、すぐ下から探して○をつけましょう。

4 観察力（同図形発見）

・左上のお手本と同じ絵を探して○をつけましょう。

5 構　成

・左上のお手本と同じ形を作るには、どの形を使えばよいですか。使うものすべてに○をつけましょう。ただし、裏返したり、向きを変えたりしてはいけません。

6 言　語

・左上の四角のものの名前は、絵の下にある黒丸の数の音でできています。それでは、左上の四角のものと同じ音の数のものを下からそれぞれ選び、○をつけましょう。

7 巧緻性

・黒のクーピーペンで点線のクマの形をなぞりましょう。3本ともなぞりましょう。

■ 巧緻性

ストロー3本、短いモールが用意されている。
・3本のストローを1つにまとめ、モールをねじって束ねましょう。

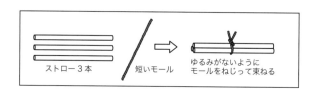

集団テスト

🔲 行動観察（プール作り）

たくさんの水色のお花紙と、バケツ1つが各グループに用意されている。部屋の中央に丸いビニールプールが1つ、部屋の後ろに海の生き物のおもちゃが置かれている。水色のお花紙を丸めた玉をできるだけたくさん作り、バケツの中に入れる。笛の合図が鳴ったら作業をやめて、みんなで丸いビニールプールの中に、お花紙を丸めた玉を水に見立てて流し入れる。海の生き物のおもちゃの中から、グループで相談して3つ選び、プールに入れて泳がせる。片づけの合図があったら、丸めたお花紙はしわを伸ばして元の場所に戻す。海の生き物のおもちゃも元の場所に片づける。

🔲 自由遊び

スーパーボールすくい、輪投げ、おままごとセット、積み木、ネックレス作りのコーナーがあり、お友達と好きなところで仲よく遊ぶ。

親 子 面 接 ┃ 2、3人の面接官が担当する。

本 人

・お名前を教えてください。
・（きょうだいがいる場合）きょうだいとはどんな遊びをしますか。
・（姉がいる場合）お姉さんは優しいですか。
・幼稚園（保育園）では何をして遊ぶのが好きですか（発展して質問が続く）。
・お手伝いは何をしていますか。
・嫌いな食べ物はありますか。
・好きな動物は何ですか。
・大きくなったら何になりたいですか。

父 親

・お子さんと接するときに気をつけることは何ですか。
・家事の役割分担をどのようにしていますか。
・子育てをしていてうれしかったことは何ですか。
・電車に乗るときにどのようなことに注意するよう、お子さんに話していますか。
・奥さまのよいところでお子さんに受け継いでほしいのはどのようなところですか。
・ご自身の幼いころの、お父さまとの思い出をお聞かせください。
・家族の中で大切にしていることは何ですか。
・お子さんの成長をどんなときに感じますか。

・仕事で学んだことでお子さんに伝えたいことは何ですか。

母　親

・ご家庭での食生活で気をつけていることはどんなことですか。
・子育てをしていてうれしかったことは何ですか。
・子育てで大変だったことは何ですか。
・家事など、ご主人は協力的ですか。
・(仕事をしている場合) お仕事をしていますが、学校行事などへの参加は大丈夫ですか。
・日々の子育てで気をつけていることは何ですか。
・お子さんの名前の由来についてお聞かせください。
・ご主人のよいところでお子さんに受け継いでほしいのはどのようなところですか。
・幼稚園 (保育園) でのお子さんとお友達とのかかわりはいかがですか。
・本校に希望することは何ですか。
・本校の印象はいかがですか。
・(仕事をしている場合) 仕事で学んだことでお子さんに伝えたいことは何ですか。
・ご主人はお仕事がお忙しいかと思いますが、どのようにお子さんと接していますか。
・ご自身の幼いころの夢は何ですか。
・(きょうだいがいる場合) きょうだいとのかかわりはどのような様子ですか。
・家族の中で母親の役割はどのようなものだと感じますか。
・最近のニュースで気になったことはありますか。そのことについてお子さんと話しましたか。
・家族の中でしかる役はどなたがされていますか。

面接資料／アンケート　出願後に届く面接資料に記入し、考査日前の指定日時に提出する。以下のような記入項目があり、志願者写真を貼付する。

・志願者の氏名、生年月日、本人について (行動の傾向など)、保育歴。
・志望理由、通学方法と所要時間と経路、保護者の氏名、現住所など。
・家族紹介 (記入は自由)。

2

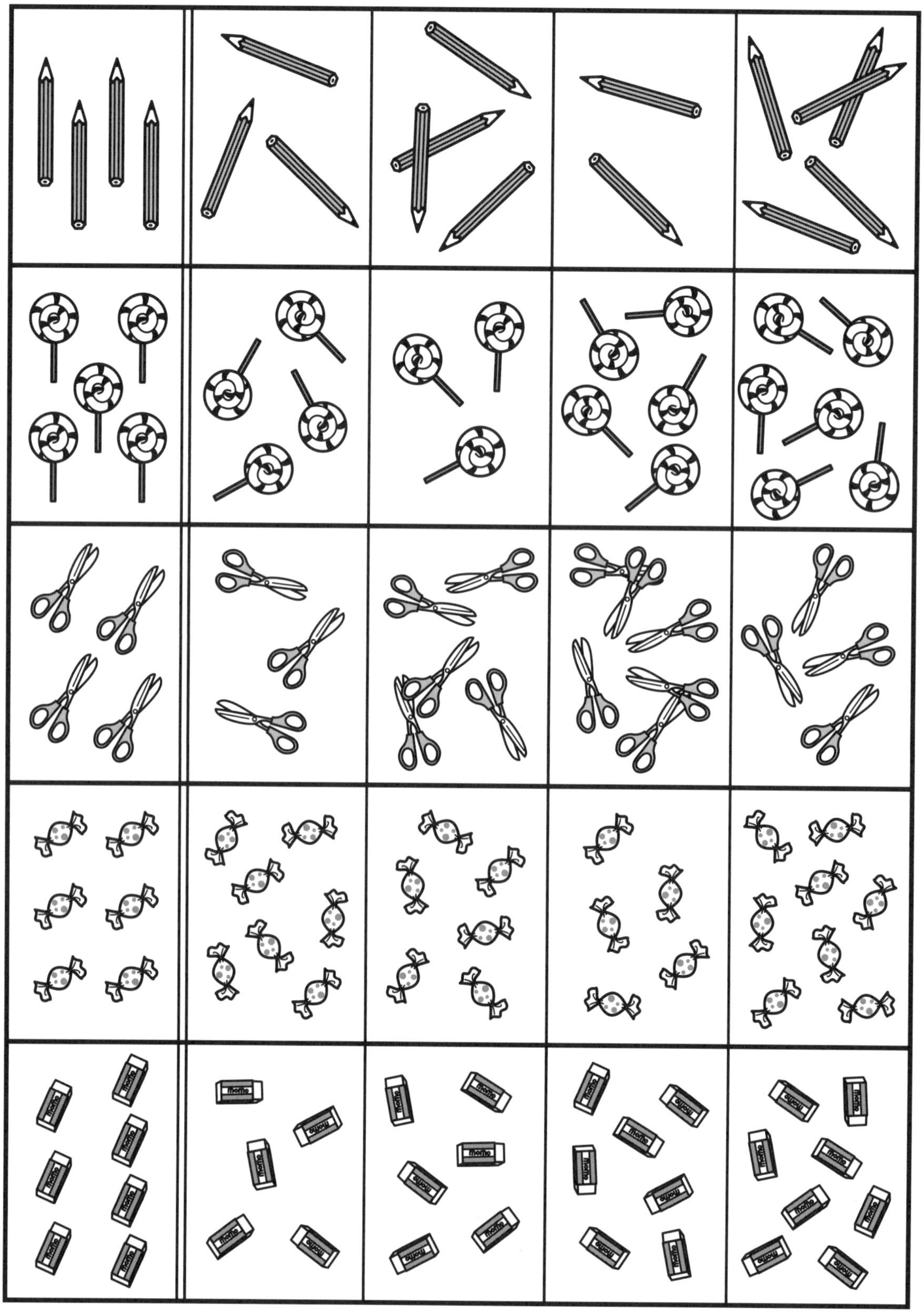

3

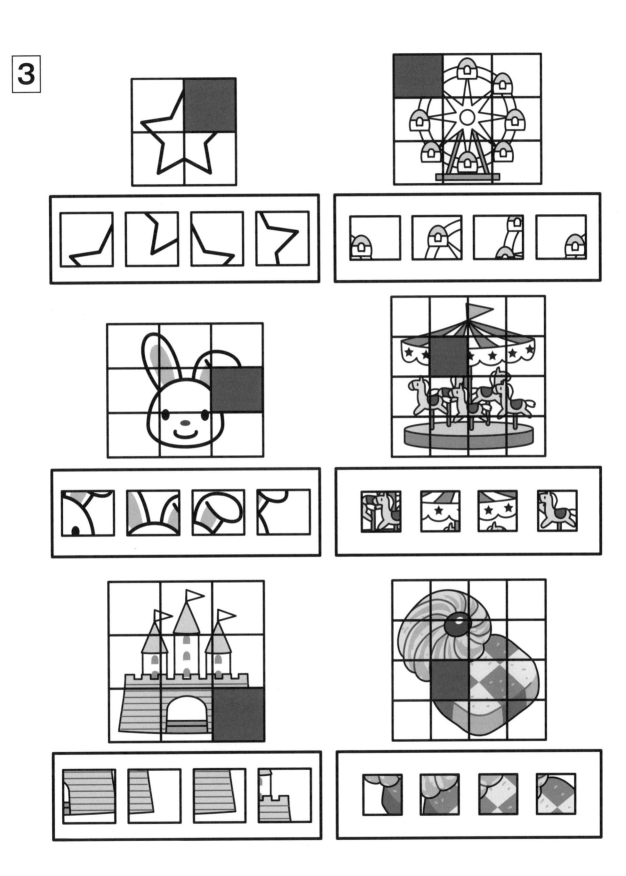

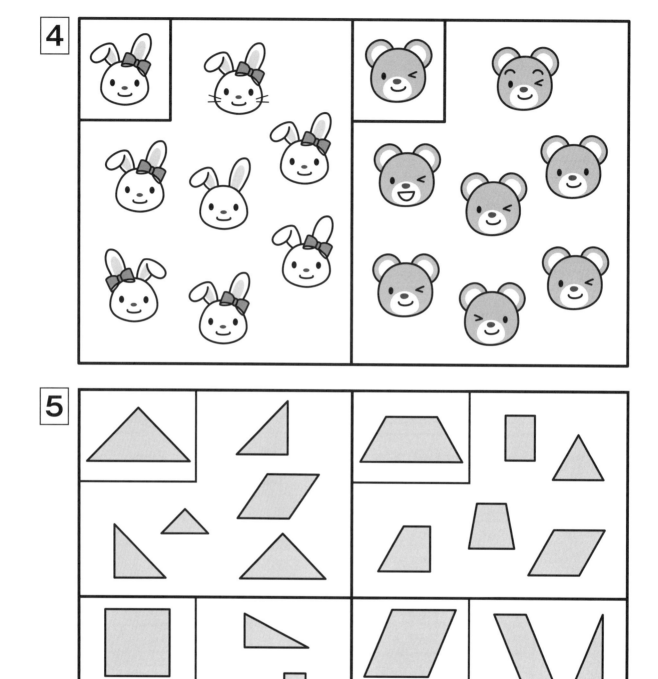

6

^{section}
2014 日本女子大学附属豊明小学校入試問題

■ 選抜方法

考査は１日で、生年月日の年少者より順に10〜20人単位でペーパーテスト、集団テストを行う。所要時間は約２時間。考査日の翌日から３日間で年少者より順に、指定された日時に親子面接がある。面接の所要時間は10〜15分。

| ペーパーテスト | 筆記用具はクーピーペン（水色、黒）を使用し、訂正方法は✕（バツ印）。出題方法は話の記憶のみテープで、そのほかは口頭。 |

1 話の記憶

「ある日、まいちゃんはお兄ちゃんとお母さんと一緒にピクニックに行きました。よく晴れた気持ちのよい朝、まいちゃんはお気に入りのリュックサックにお弁当を入れて元気よく出発です。お家の近くの駅までは歩いていきました。『今日はまず電車に乗って、それから……』。お母さんも何だかうれしそうです。お兄ちゃんが『その次は何に乗るの？』と聞くと『それは後のお楽しみね』とお母さん。ワクワクドキドキです。３人を乗せた電車はお山の近くの駅に着きました。『今度はバスに乗りましょうね』。駅の前には大きなバスが停まっていました。さっきまで遠くに見えていたお山が今はすぐ近くにあります。バスから降りると『今度はあれよ』。お母さんが指をさす方を見ると、お山の上まで伸びた太いロープに大きな箱のような乗り物がぶら下がっています。『さあ、ロープウェイに乗りましょう』。『わーい』。まいちゃんとお兄ちゃんは大喜びです。ふもとの駅から山頂の駅まであっという間に着きました。お山の上に着くと、リスさんが待っていました。『こんにちは。よく来てくれましたね。今、このお山は葉っぱが赤や黄色になっていてとてもきれいなんだよ。それから、ほら、こんなにたくさんのドングリが落ちているんだよ。僕はドングリが大好きなんだ』とたくさんのドングリを抱えたリスさんが言いました。『本当にきれいね。それにすごくたくさんのドングリ！』まいちゃんが言うと『今日、お山に来てくれたお礼にドングリをあげるね』。リスさんはまいちゃんとお兄ちゃんにたくさんのドングリをくれました。それからお母さんの作ったおいしいお弁当を食べて、クリ拾いをしました。『イガはチクチクして痛いから気をつけてね』とお母さん。まいちゃんとお兄ちゃんはたくさんのクリを拾い大満足です。『今夜はクリご飯にしてね』とまいちゃんが言うと『僕はクリのケーキがいいな』とお兄ちゃん。『僕はクリの入ったパンがいいな』。声のする方を見ると、さっきドングリをくれたリスさんがいました。『そうね、今度パンを焼いてお届けしますね』とお母さんが言いました。まいちゃんは、お家でお留守番をしているおばあちゃんのお土産に、リスさんからもらったドングリを分けてあげようと思い

ました」

・1段目です。まいちゃんたちはどこへ行きましたか。○をつけましょう。
・2段目です。まいちゃんが一緒にピクニックに行ったのは誰ですか。○をつけましょう。
・3段目です。まいちゃんたちは何に乗っていきましたか。最初に乗ったものに○をつけましょう。
・4段目です。まいちゃんたちが最後に乗ったものに○をつけましょう。
・5段目です。このお話の季節はいつですか。合う絵に○をつけましょう。
・6段目です。まいちゃんたちがお山で拾ったものに○をつけましょう。
・7段目です。まいちゃんたちがお山で出会った生き物に○をつけましょう。

2 数 量

・左の二重丸に描いてあるものと同じ数にするには、太陽とお月様のマークがついている四角の中のどれとどれを合わせたらよいですか。1つずつ選び○をつけましょう。

3 系列完成

・どの段も形が決まりよく並んでいます。では空いているところには何が入りますか。右側から選んで○をつけましょう。

4 構 成

・左のお手本と同じ形を作るのに使わないものを、右側から選んで○をつけましょう。

5 巧緻性

・上のお手本と同じになるように、下の形に黒のクーピーペンで色の濃さがわかるように塗りましょう。

6 巧緻性

お手本、折り紙(赤、黄色、ピンクの大小それぞれ各1枚)と液体のりが入った箱がある。マス目の入った台紙は配付される。
・お手本と同じになるように台紙に折り紙を選んで貼りましょう。

集団テスト

行動観察(イルカのプール)

・ビニールのプールがあり、中に布で作られた波と、イルカのぬいぐるみが何個か入って

いる。プールの外にはサメのぬいぐるみがある。みんなでプールの周りに行って、サメがプールに入らないようプールの周囲に積み木を積む。積み木は1回につき1人1個持つことができる。

・大きな布をお友達と一緒に持ち、その上にイルカのぬいぐるみを置く。お友達とタイミングを合わせて布を揺らし、ビニールプールにイルカを投げ入れる。

📖 自由遊び

おままごとセット、スーパーボールすくい、輪投げ、ボウリング、紙コップを積むスカイツリー作りのコーナーがあり、好きなところを回って遊ぶ。

📖 行動観察（お友達づくり）

音楽に合わせて歩き、タンバリンが鳴ったらその数と同じ人数の組になって手をつなぐ。

親 子 面 接 ┃ 2、3人の面接官が担当する。

本 人

・お名前を教えてください。
・幼稚園（保育園）で好きな遊びは何ですか。
・お家では何をして遊ぶのが好きですか。
・お家ではどのようなお手伝いをしていますか。
・幼稚園（保育園）では小さい子のお世話はしますか。
・大きくなったら何になりたいですか。
・好きな食べ物は何ですか。
・好きな動物は何ですか。

父 親

・お仕事をするうえで大切にしていることは何ですか。
・お子さんの成長を感じるのはどのようなことですか。
・お子さんと接する時間はどのようにとっていますか。
・本校の印象をお聞かせください。
・どのようなときにお子さんをほめますか。
・オリンピックが東京で開催されることについてどのように思いますか。
・子育てで大切にしていることは何ですか。
・母と子の関係をどのように見ていますか。
・奥さまのよいところでお子さんに受け継いでほしいのはどのようなところですか。

・子育てをしていてよかったと思うのはどのようなことですか。

母　親

・子育てをするうえで大切にしているのはどのようなことですか。
・本校に期待することは何ですか。
・どのような女性になってほしいですか。
・お仕事で大切にしていることは何ですか。
・(仕事を持っている母親に対し) 入学してからの送迎はどのようにされますか。
・(仕事を持っている母親に対し) 行事には参加できますか。
・幼稚園 (保育園) のお母さま方とどのようなかかわりをもっていますか。
・お子さんの夢についてどのように思いますか。
・本校の印象をお聞かせください。
・食事のマナーで気をつけているのはどのようなことですか。
・子育てを通して感動したのはどのようなことですか。

面接資料／アンケート　出願後に届く面接資料に記入し、考査日前の指定日に提出する。以下のような記入項目があり、志願者写真を貼付する。

・志願者の氏名、生年月日、本人について (行動の傾向など)、保育歴。
・志望理由、通学方法と所要時間、保護者氏名など。
・家族紹介 (記入は自由)。

1

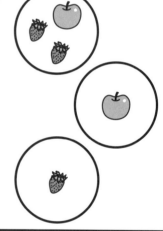

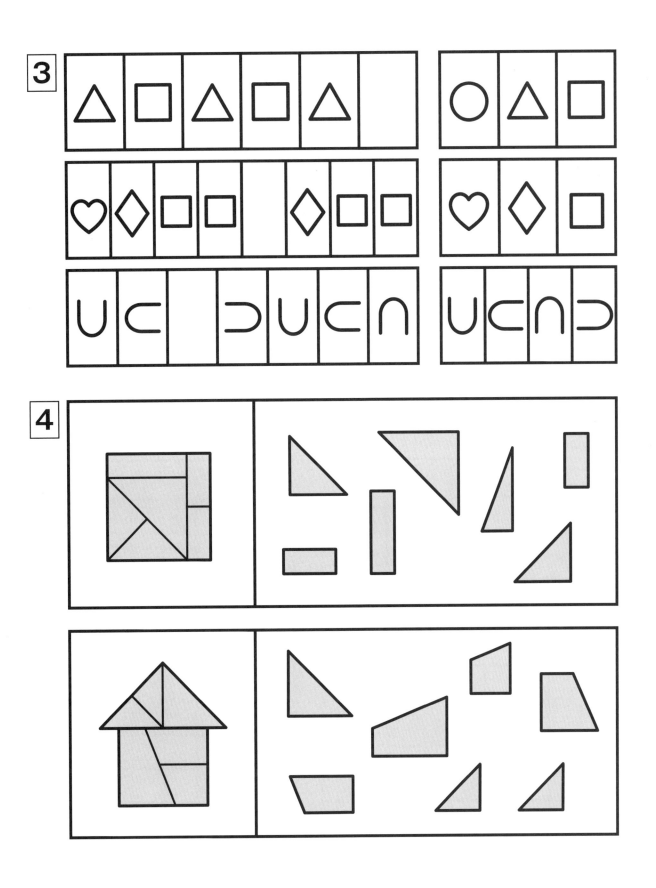

5

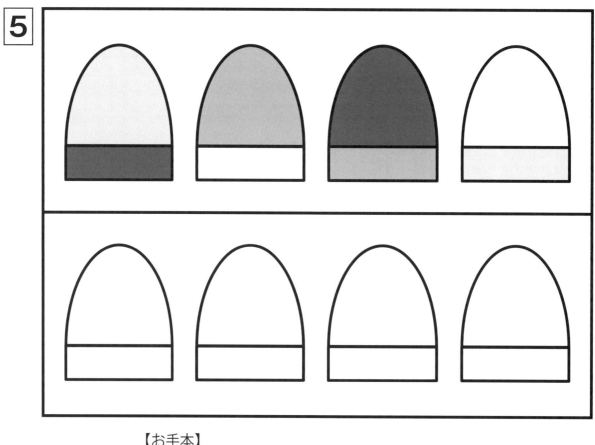

6

【お手本】

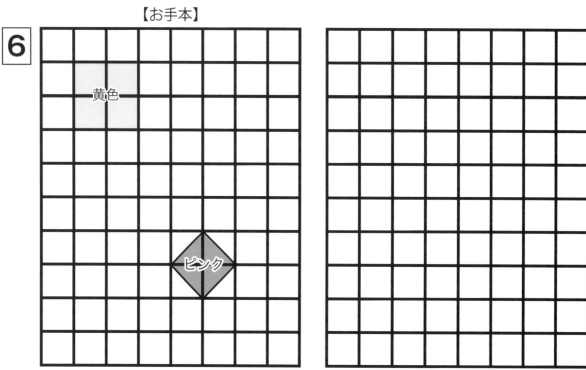

日本女子大学附属豊明小学校 入試シミュレーション

日本女子大学附属豊明小学校入試シミュレーション

1 話の理解

- 一番上の段です。四角の中に左上から右下まで線を引きます。引いた線の真ん中から左下に線を引き、右側の三角の中に丸がかいてあります。合う絵に○をつけましょう。
- 上から2段目です。丸の中に三角があり、三角の中に大きさの違う四角がバラバラに3個かいてあります。合う絵に○をつけましょう。
- 上から3段目です。一番下に丸、その上に真四角、その上に三角、一番上にハートがかいてあります。合う絵に○をつけましょう。
- 一番下の段です。丸からスタートして大きい真四角、三角、星、ひし形、二重丸まで線でつなぎましょう。

2 系列完成

- それぞれの段で左から絵が決まりよく並んでいます。丸や三角のところに入るものを、すぐ下の四角から選んでそれぞれの印をつけましょう。

3 数 量

- 上の5段です。左端の数にするには、右側の4つの絵のどれとどれを合わせたらよいですか。それぞれの段で2つ選んで○をつけましょう。
- 左側の積み木が矢印の右の積み木のように増えました。いくつ増えたか、増えた分だけ一番右側の積み木に1つずつ○をつけましょう。

4 数量（対応）

- リス1匹がちょうど2個ずつドングリを食べられるように、ドングリの木とリスの部屋の点と点を線で結びましょう。

5 推理・思考（重ね図形）

- 左の透明な紙にかかれた2枚のお手本を、そのまま横にずらして重ねます。できる模様を、右の3つの中から選んで○をつけましょう。上も下も全部やりましょう。

6 推理・思考

- 左の透明な紙にかかれた形を、矢印の方向に点線で折るとどうなりますか。右の四角の中から正しい絵に○をつけましょう。
- シーソーの絵を見てください。一番重いものには○、一番軽いものには×をつけましょう。印は右側の絵につけてください。

7 推理・思考（回転図形）

・左のお手本が矢印の向きに1回コトンと倒れたとき、中の印はどうなりますか。右の形の中にそれぞれ印をかきましょう。

8 観察力（同図形発見）

・左端のお手本をよく見て、右の四角からお手本と同じものを探して○をつけましょう。上も下も全部やりましょう。

9 常識（仲間分け）

・それぞれの段で、仲間ではないものを1つだけ探して○をつけましょう。上も下も全部やりましょう。

10 模写・巧緻性

・リンゴの印のところです。左側のお手本と同じになるように、右側にかきましょう。
・ミカンとサクランボの印のところです。色の濃い、薄いを考えながらお手本と同じように色を塗りましょう。

11 巧緻性・模写

・上のお手本と同じになるように、点線をなぞったり、線をかき足したり、色を塗ったりしましょう。色は、お手本のように濃さを塗り分けてください。

1

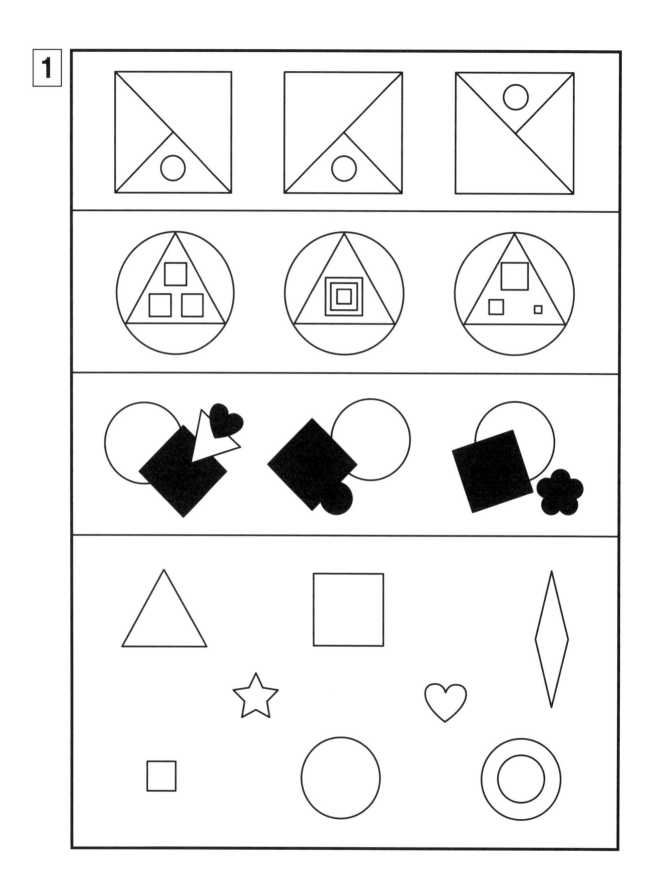

2

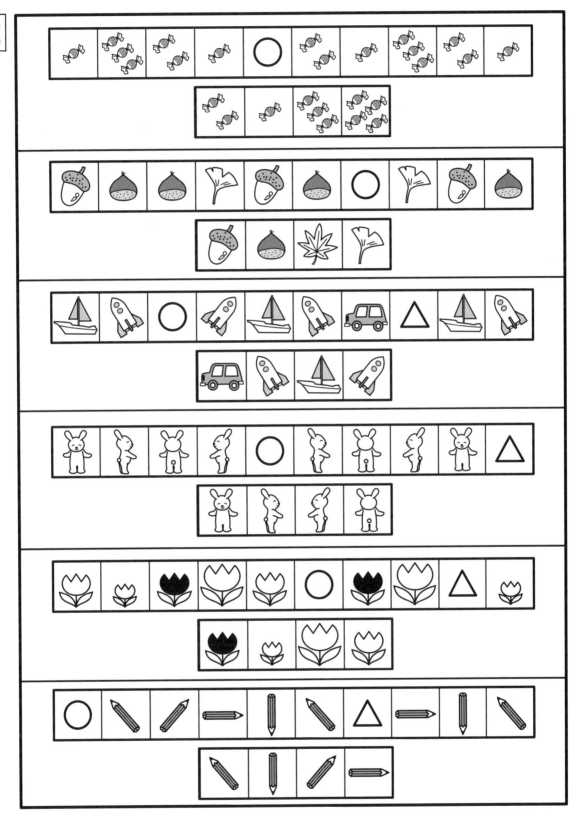

3

4

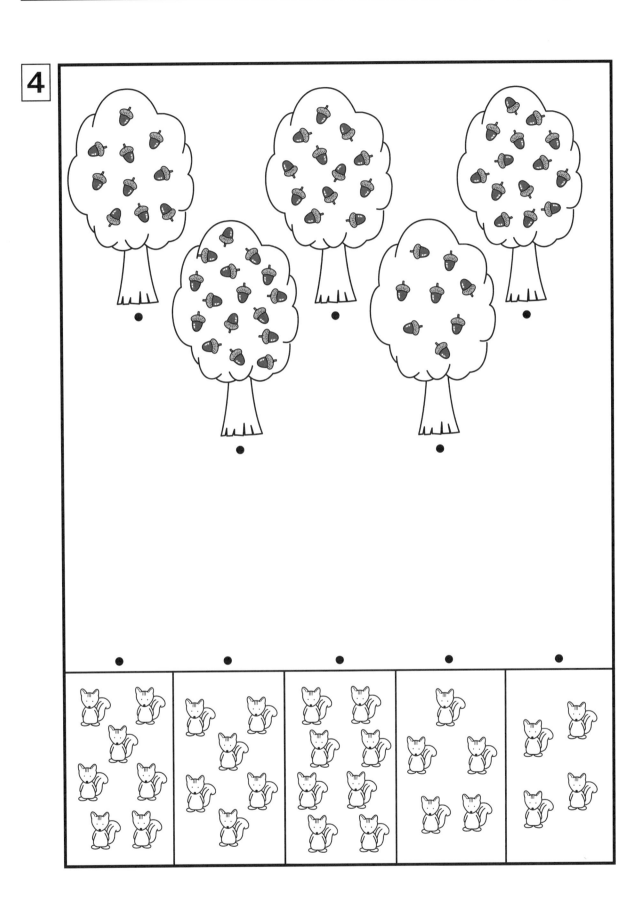

5

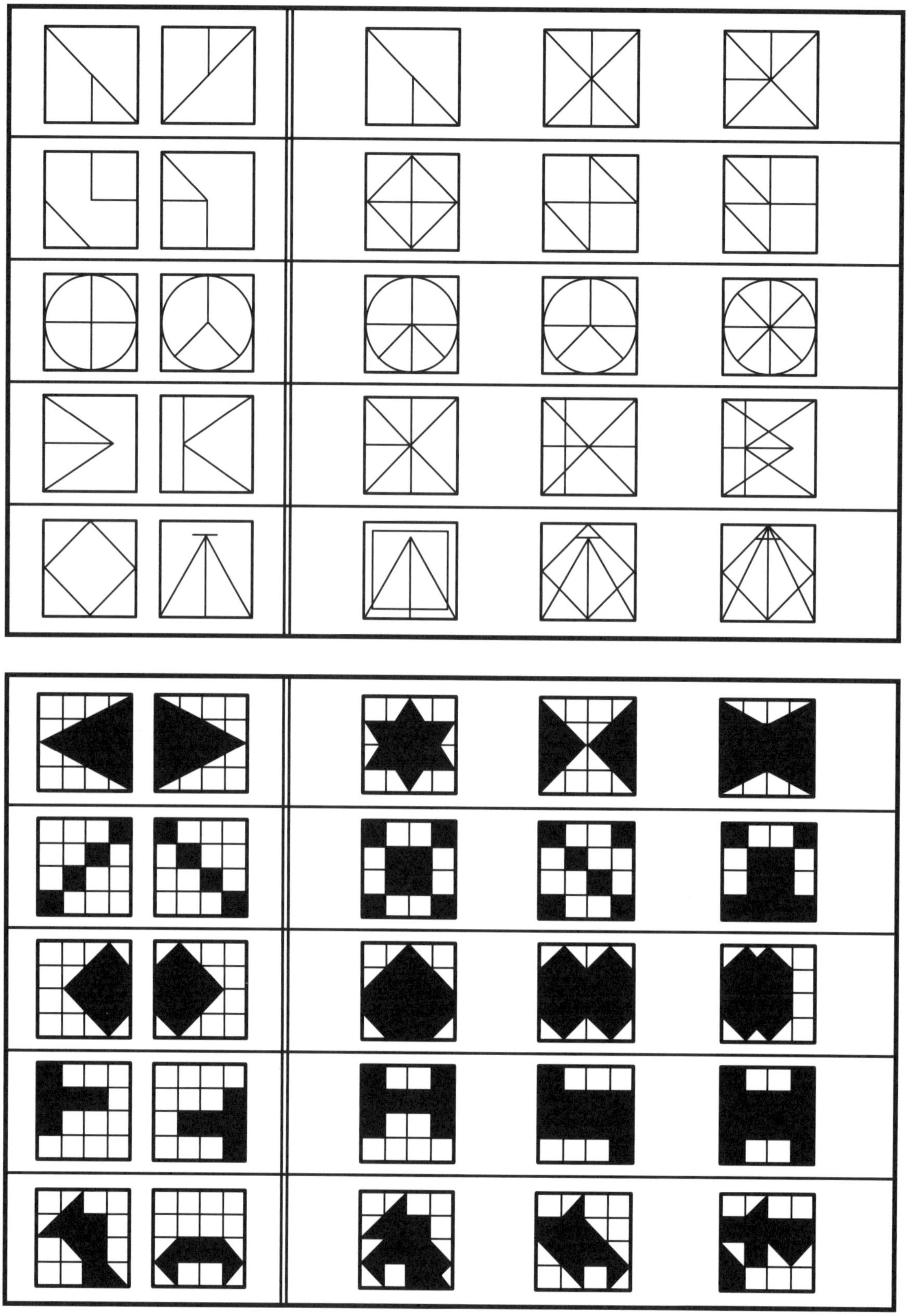

6

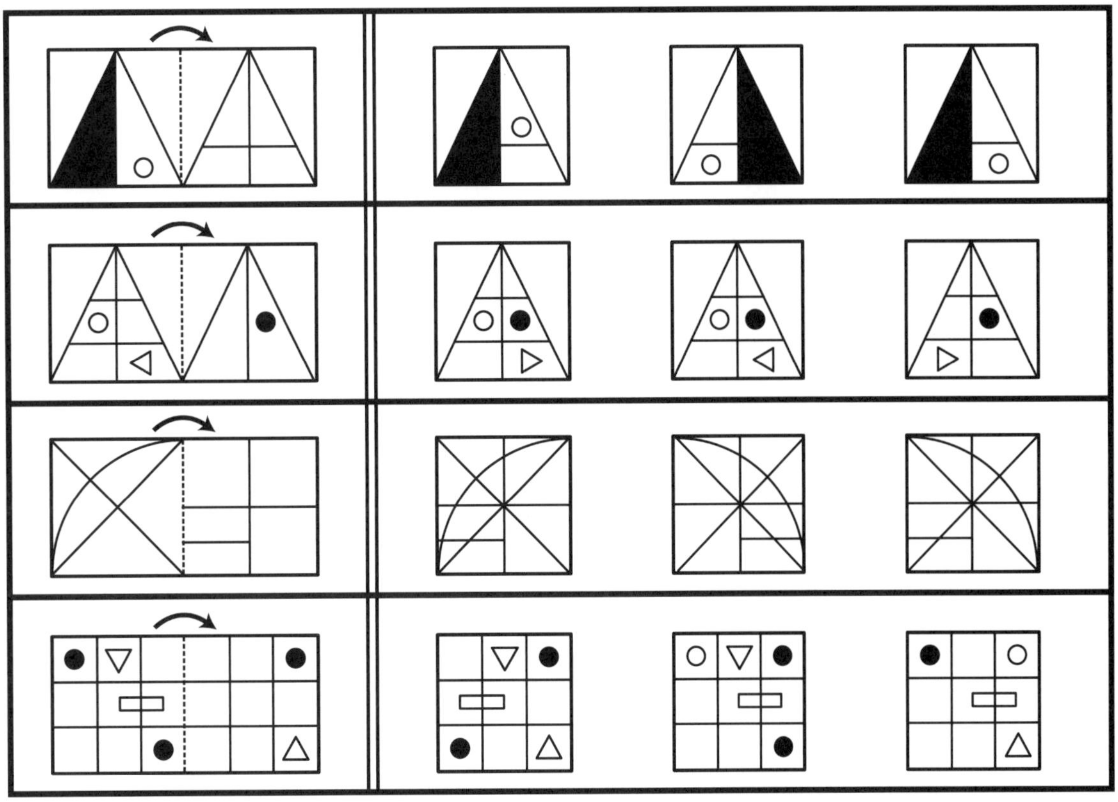

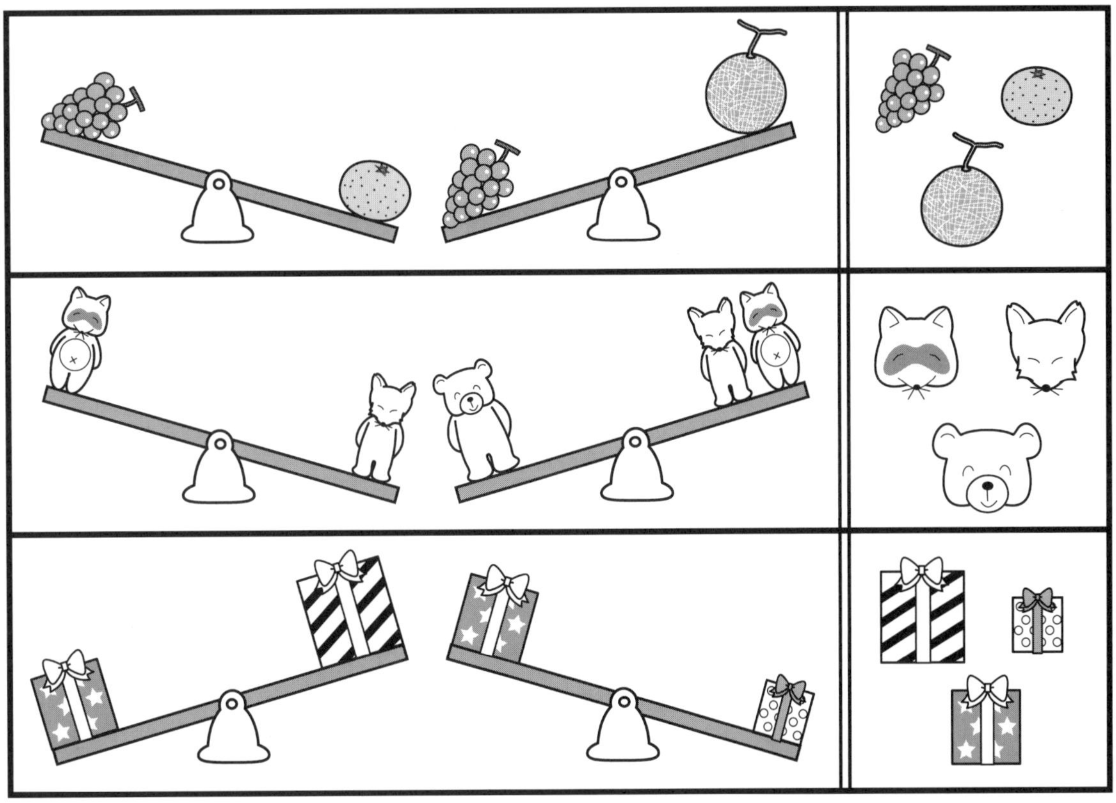

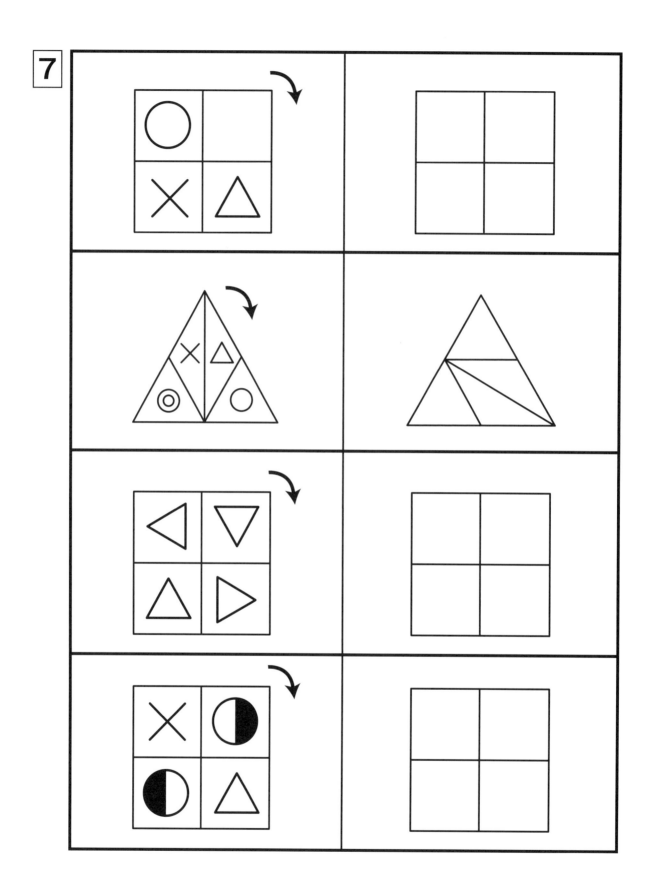

8

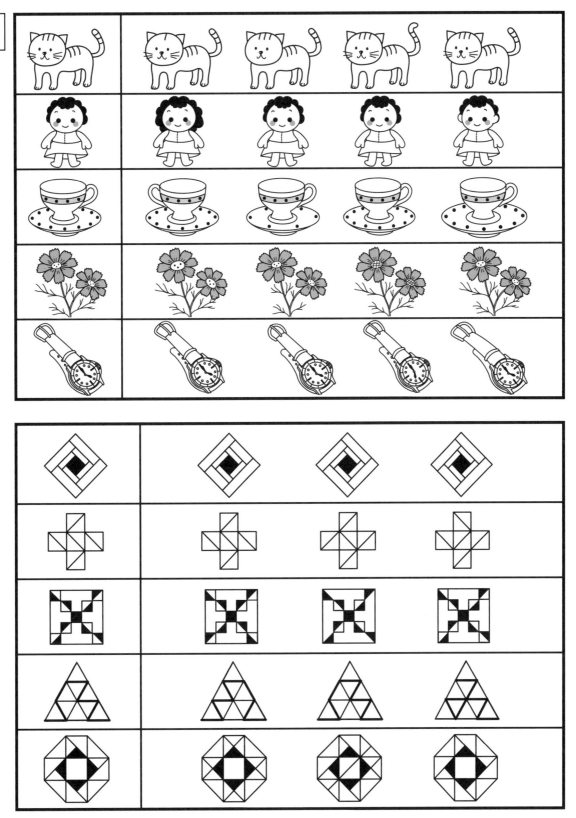

9

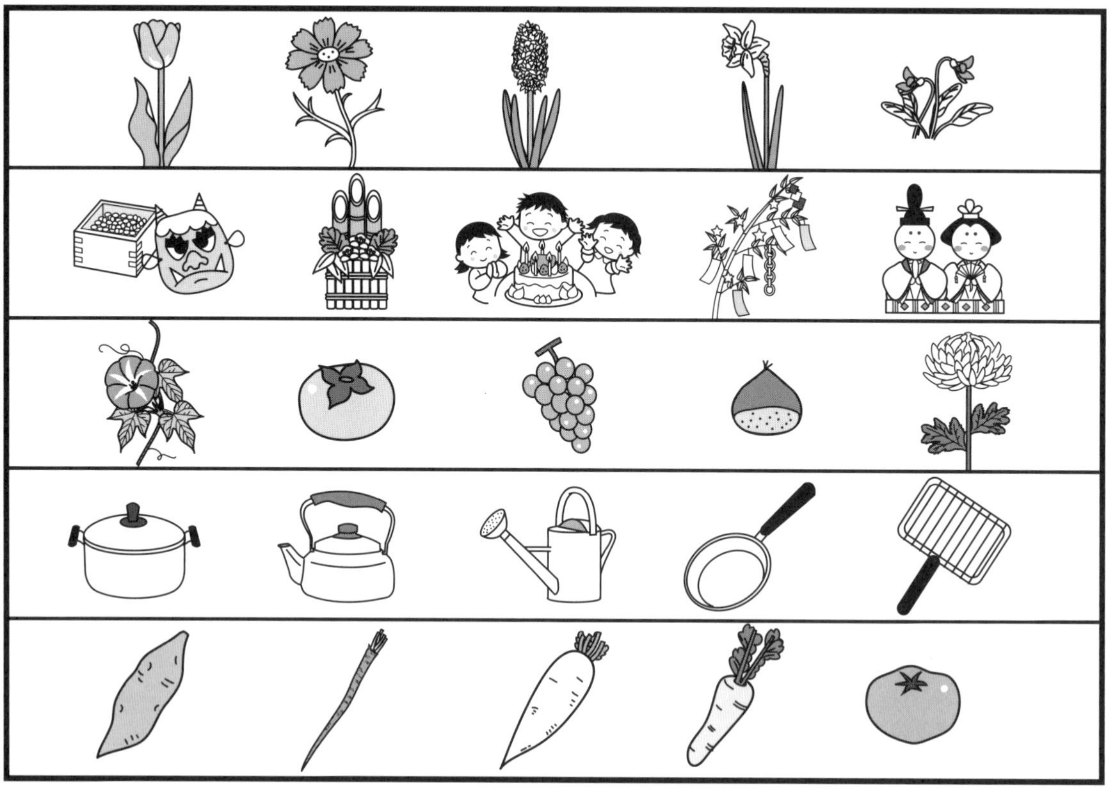

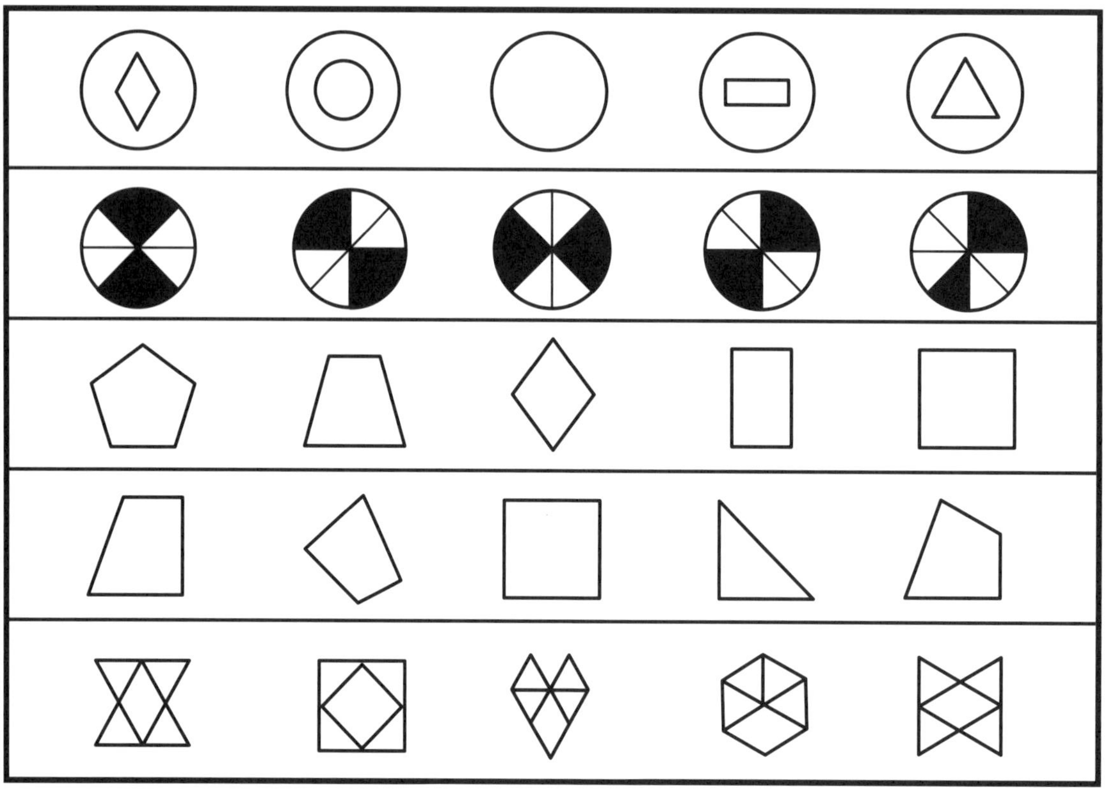

11

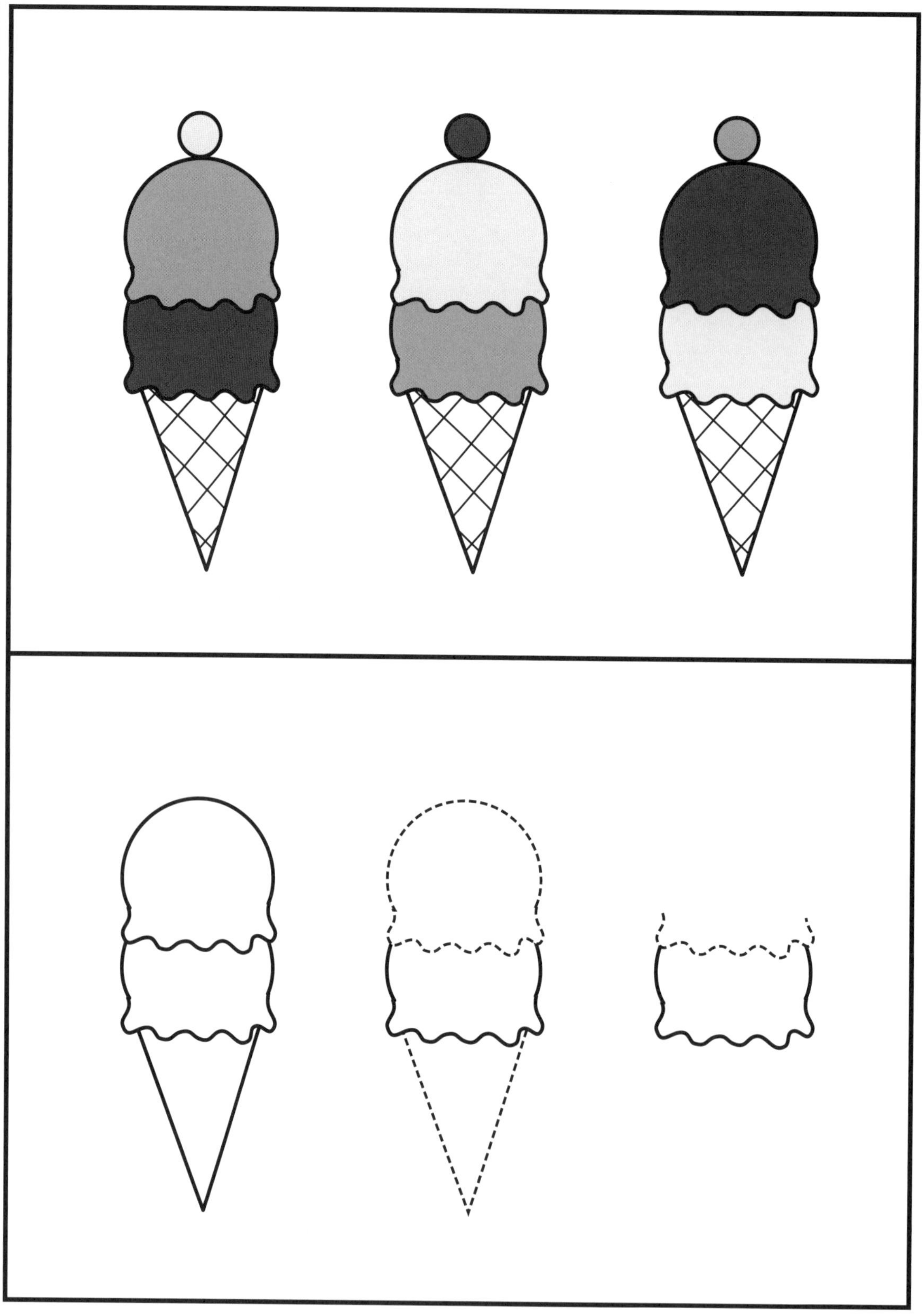

2024 学校別過去入試問題集

 年度別入試問題分析【傾向と対策】　 学校別入試シミュレーション問題　解答例集付き

伸芽会の有名小学校合格シリーズ

Shinga-kai

カラーページ増殖中！
※2022年秋実施の入試問題を含む

過去 5〜15 年間分
全44冊 52校掲載
定価 3410円〜3520円
（本体 3100円〜3200円＋税10%）

解答例集付き

全国の書店・伸芽会出版販売部にお問い合わせください。

 伸芽会　 出版販売部 **03-6914-1359** （10:00〜18:00 月〜金）

〒171-0014 東京都豊島区池袋 2-2-1 7F　https://www.shingakai.co.jp

 2023年2月より順次発売中！

© '06 studio*zucca

[過去問]　2024

日本女子大学附属豊明小学校入試問題集

解答例

＊ **解答例の注意**

この解答例集では、ペーパーテスト、集団テストの中にある□数字がついた問題、入試シミュレーション
の解答例を掲載しています。それ以外の問題の解答はすべて省略していますので、それぞれのご家庭でお
考えください。（一部□数字がついた問題の解答例の省略もあります）

入試シミュレーションの
解答例もあります！

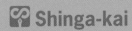

Shinga-kai

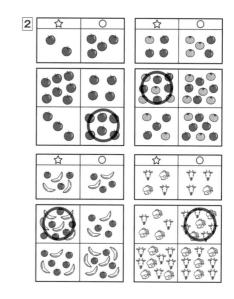

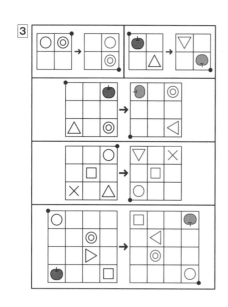

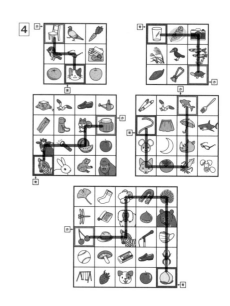

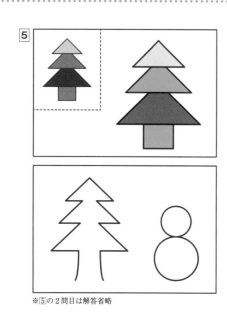

※⑤の２問目は解答省略

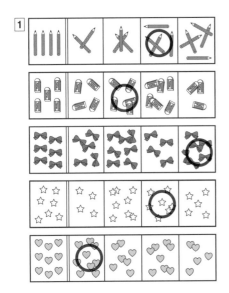

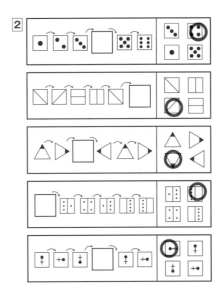

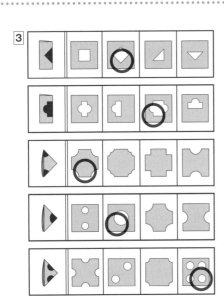

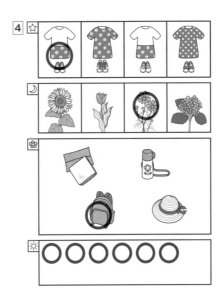

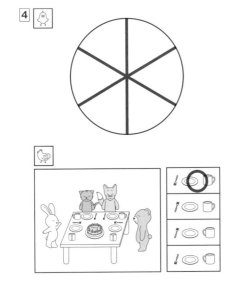

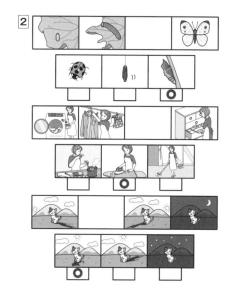

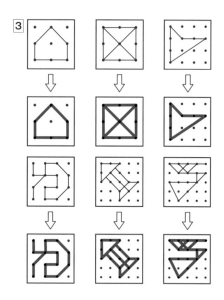

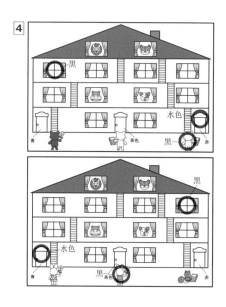

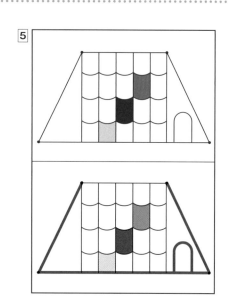

1

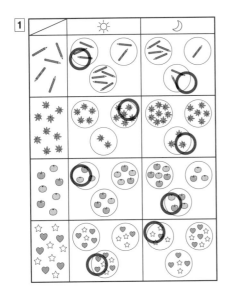

2

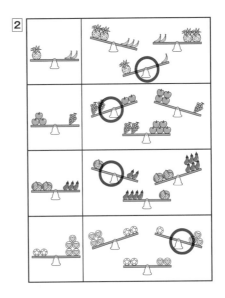

3

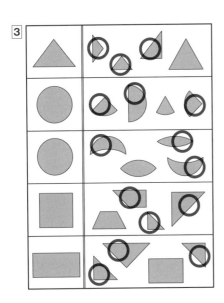

4

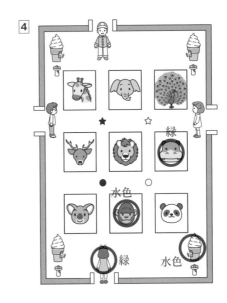

5

5・6

※6は解答省略

1

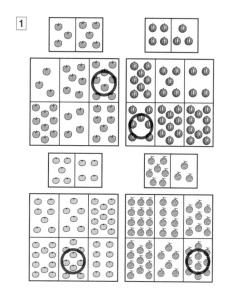

2

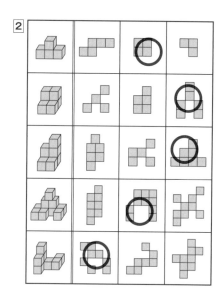

3

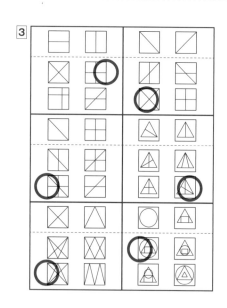

4

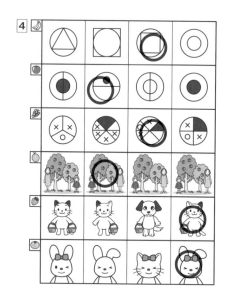

5

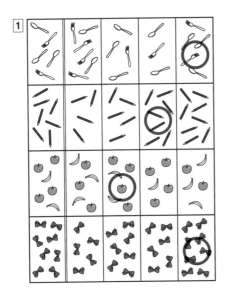

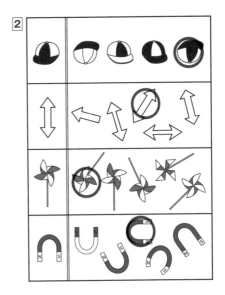

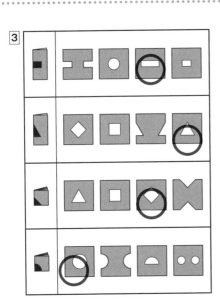

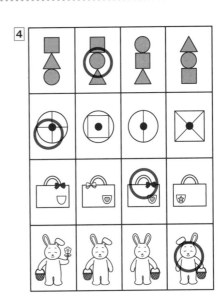

※⑤の2問目は解答省略

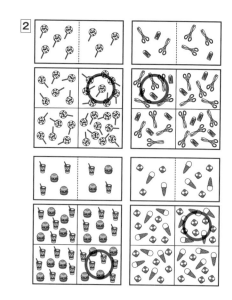

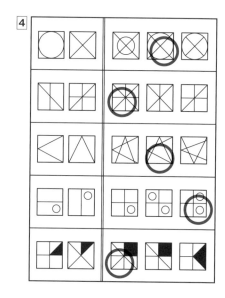

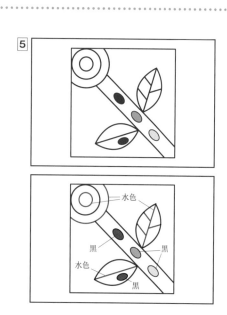

1
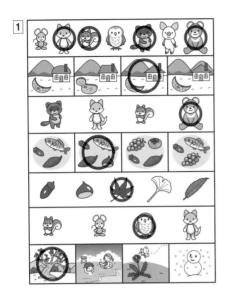

2
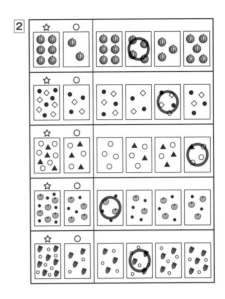

3
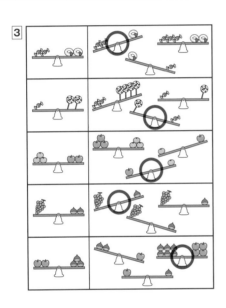

4
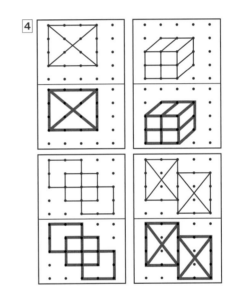

5

6
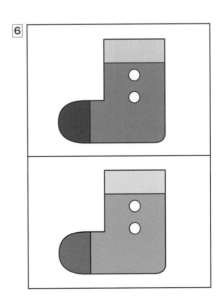

1

2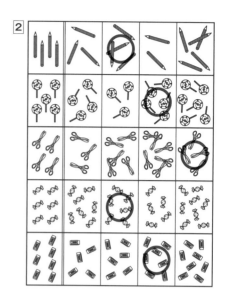

3

4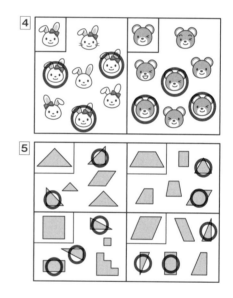

6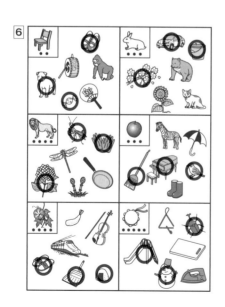

7

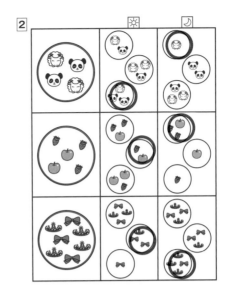

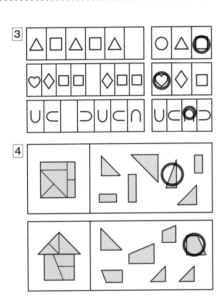

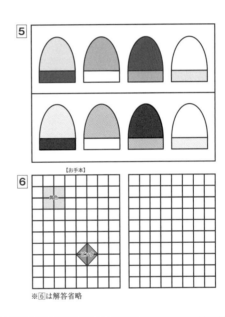

【お手本】

※6は解答省略

1
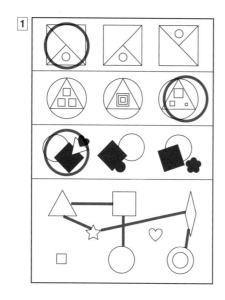

2
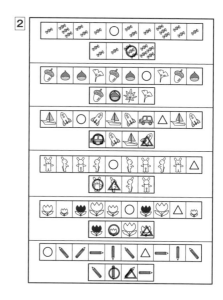

3
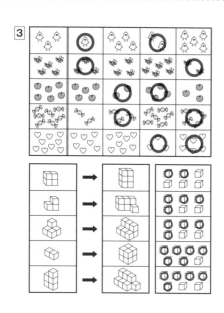

4
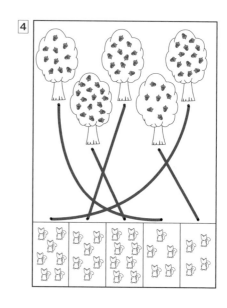

5
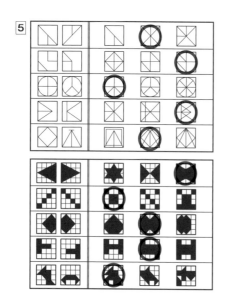

6
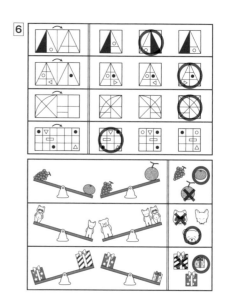

入試シミュレーション 解答例

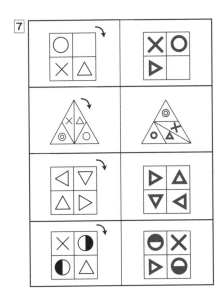

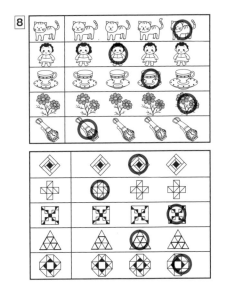

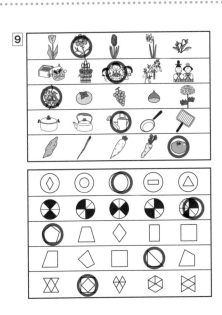

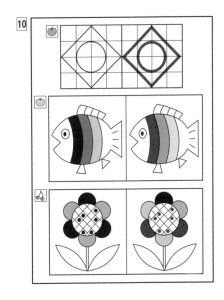

memo

memo

memo

Shinga-kai